乡村的惆怅

乡建实录
与人文省思

李正新 ○ 著

当代世界出版社
THE CONTEMPORARY WORLD PRESS

图书在版编目（CIP）数据

乡村的惆怅：乡建实录与人文省思 / 李正新著 . --
北京：当代世界出版社，2023.1
　ISBN 978-7-5090-1681-7

　Ⅰ . ①乡… Ⅱ . ①李… Ⅲ . ①农村社会学 – 研究 – 中
国 Ⅳ . ① C912.82

中国版本图书馆 CIP 数据核字（2022）第 164776 号

乡村的惆怅：乡建实录与人文省思

作　　者：	李正新
出版发行：	当代世界出版社
地　　址：	北京市东城区地安门东大街 70-9 号
编务电话：	（010）83907528
发行电话：	（010）83908410（传真）
	13601274970
	18611107149
	13521909533
经　　销：	全国新华书店
印　　刷：	固安兰星球彩色印刷有限公司
开　　本：	700 毫米 × 1000 毫米　　1/16
印　　张：	14
字　　数：	230 千字
版　　次：	2023 年 1 月第 1 版
印　　次：	2023 年 1 月第 1 次
书　　号：	978-7-5090-1681-7
定　　价：	48.00 元

清华学生原创优秀作品

本书的出版得到
"清华大学学生原创作品支持计划"的指导与支持,
在此致以衷心的感谢!

谨以此书献给乡村的孩子们！

自序

列维-斯特劳斯说："远离让一个人在回到家园时变得更加深刻。"这位法国人类学大师所描绘的"异乡感"，对我总有着不可抗拒的力量。

我出生并成长在云南边陲闭塞的乡村，幼时的梦想便是走出大山，去看更大的世界。初中时，总爱一遍遍地反复背诵那首《在山的那边》，让山那边雪白的、喧腾的海潮润湿我年少的心灵。后来，上学、参军、读博，我像一个"阶层旅行者"，途经一片片风景，不断看到更大的世界。只是，某一天回过头来却发现，我离那个孕育自己的乡村世界已越来越远。

一位学长对我说，我们这批人，读书、上学、科研，不是为了要走出贫困的家乡，而是要让家乡不再贫困。为此，我和好友一直在身体力行地推动着乡村地区留守儿童阅读的公益活动，在各地推动一个又一个乡村公益图书馆的建设和运营。一个人从童年时代气息中所获取的东西能渗入血脉当中，终其一生都会如影随形、不弃不离。我想，打造乡村儿童的阅读环境，培养孩子的阅读习惯，给孩子的未来留下尽可能多的可能性，是对乡村最好的投资。

虽然已经从事了几年乡村公益图书馆的推广工作，我仍旧感觉自己对乡村的发展知之甚少。从脱贫攻坚到乡村振兴，这些都是整个国家的重大发展战略。今天，我们孜孜以求的乡村振兴究竟意味着什么？这一切，都需要有人来观察、总结。俯下身子，深入乡村，躬身入局，置身事内，通过深度体察带来情感触发，激发社会学的想象力，不断加深我们对乡村振兴的认识深度，这或许不失为一条值得尝试的路径。

当我行走书海，在字里行间汲取着当代中国乡村振兴的思想资源时，发现当下对乡村的书写，存在着两种简单化的取向。

第一种是具有较强人文气息的商业化和旅游式书写，这类文章多将乡村社会"浪漫化"。在城市生活的重压下，一部分知识分子重新依托"乡愁"这个中国人的情感资源，号召人们逃离城市，回到乡村，体验山水田园式的乡村生活。这种书写尤其以研学类、游记类文章为主，这些走马观花式的乡村浪漫文学，给乡村生活涂上了绚丽的油彩，遮蔽了乡村社会仍然真实存在的苦难、落后与矛盾，让人们在乡村治愈系风格的文字中，忘记了改变的动力恰恰来自对乡村发展障碍的清醒认识与深入探索。这些田园牧歌式的乡村浪漫文学，尽管文字华美，却只不过是带着滤镜的泡沫，绝不是乡村真实的模样。

第二种则是近年来以返乡文学为代表的"悲情化"书写。这类文章多由在城市工作生活已久的学者、白领和学生完成。他们拿着现代城市文明的放大镜，在每年返回家乡时，通过返乡日记、返乡观察，记录下自己的所见所闻所想。文章多针对乡村的人口空心化、土地抛荒、传统文化和伦理道德的变迁等问题，展现乡村凋敝的图景，表达作者哀婉的情绪，文字上多强调"乡村沦陷"的一面。悲情化的乡村叙事，是以"城市中心主义"的话语来看待农村，忽视了中国几千年乡土文明生生不息的活力，文中流露出的悲悯的心态，阻碍了我们对乡村多种可能性的探索。

无论是把乡村"浪漫化"还是"悲情化"，其实都是一种对"乡愁"的消费，是一种情感的胜利而非智识的增进。面临世界百年未有之大变局的中国，需要的是有一批扎扎实实的人，把自己全身心地投入到乡村社会中，以平等的姿态、理性的情感，在具体的情境和事件中，通过积累的丰富实践经验为乡村发声，记录下乡村正在经历的风起云涌和暗淡幽微，再结合自身知识储备和人生经验的反思，在纯讲故事或纯讲道理之外探索新的叙述手段，用带着泥土味和烟火气的文字，来客观细致地展现乡村社会真实的希望与挑战。

在用另一种乡村叙述手段的探索上，我努力迈出自己极为稚嫩的一步。作为社会学科班出身的我，骨子里却是一个内敛温和之人，一直以来都不愿意拿着细密冗长的问卷和尴尬生硬的访谈提纲，坐在朴实热情的村民对面，像台信息榨汁机那般，去拷问乡下人的每一丝疾苦病痛。近年来，以人类学家项飙为代表的一批学者，提倡"把自己作为方法"，通过对自身经验的触发和反思，来理解中国社会的内在肌理。就这样，我选择了最"土"的办法：以一位乡村建设者的身份，借助运营乡村公益图书馆的契机，深入湘西山区的一个侗族村落中，通过在边远的民族地区、革命老区推广乡村图书馆建设和儿童阅读的方式，来试图以文化激活乡村振兴的活力。在投身基层、走向田间农舍、实实在在地从事乡村建设工作的过程中，我尝试着在乡村振兴实践中写作，在写作中推动乡村振兴实践，探索一种在文化自觉与实践自觉之间来回穿梭的乡村叙事模式。

我试图把自己变成一粒"种子"，将自己种进乡村。在与村民、基层干部同吃同住同劳动的过程中，我怀着学习的心态，在田间地头向村民请教，在灯火通明的办公室内与村干部共同加班战斗，也在与乡村留守儿童的交往中体会乡村孩子的艰辛与梦想。为了深入观察和了解，我学会了唱侗歌，并且加入村里的文艺队；我在逐户家访中，品尝了侗家上百种风味的米酒，并与村民彻夜长谈；为了真正去改变而不只是观望，我与县乡村的干部们一起，为当地发展绞尽脑汁、出谋划策。这个过程听起来有种"进步主义"式的意味，但其实我在乡村的生活如坐过山车一般起伏，一会儿感到兴奋，一会儿又感到懊丧，上一刻才希望满满，下一刻又悲观失望，在深入乡村的时时刻刻里，我总是在冷与热的激流中变换。为了真实地呈现一个在一线从事乡村振兴实践的青年人的探索与困惑、实践与思考，我将以一个亲历者和"在乡者"的身份，把自己的建设性行动和话语层面的理论思考结合起来，希望通过自己经历过的乡村建设、乡村振兴实践，来探索解决困难的方案，并尝试突破以往乡村叙述的书写空间，倡导一种贴近实践的乡村叙述手段，不仅让乡村现状，更让乡村建设、乡村振兴，进入大众的视野。

我清楚地知道，这个世界上没有百分之百的感同身受。即便我是一个地地道道在农村长大的孩子，我能做的也只是清空自己、认真记录，带着大家去看、去听、去体会，而不做过多的评判。尽管偶有分析，但那也只是通过与我过往的生命体验进行对比而呈现我当时内心真实的关切与忧虑，或者基于自身所学，提供一种仅供参考的视角，分析评判，全在读者。因为我始终相信，对于乡村面临的诸多社会议题，文学式的记录只不过是一种温柔的撤退，单纯的现状描摹、情感宣泄与思考批判，只会导致人们在面对乡村整体性的困境时，呈现出知识分子的无力感。我们需要和乡村保持情感的纠缠，不能把自己剥离得过分干净，同时又要以理智的诚实正直来对诸多问题激浊扬清，激活乡村书写的现实指向和思想活力。因此，我会不时地将眼前的乡村与自己内心世界的乡村相互对照，拉开一场穿越时空的对话，但我也会时刻注意拉紧情感的缰绳，避免情绪化的渲泄淹没了对乡村现实处境的理性思考。

　　实事求是地说，对于大部分的事情，我无法了解全部的事实，我所表述的只是"部分的真实"。我必须时刻提醒自己，在记录与写作的过程中对权力关系保持警醒和反思。当然，我也时刻意识到自身经验的有限性，尽可能避免把自己个案的经验和似是而非的论证上升到宏观和全局，提防出现把一两个村子的个案冠以"中国"这样的大词来进行推论的冲动，要在整体性和历史视野的观照中，保持一份清醒，以免忽视中国几十万个村庄巨大的差异性和复杂性。

　　读书而内秀，行走且自由。"吃百家饭，行千里路，读万卷书"一直都是我的梦想。当我离开乡村又重返乡村时，我才依稀看清乡村的一角。乡村振兴的大幕已经揭开，让我们坦然若素，与自己的时代狭路相逢。

目录

第一章

变成种子，种进乡村

我将自己"放虎归山"

我是在 2020 年 11 月 3 号这天离开北京的。早晨 6 点多,北京大雾弥漫。

"能见度不足 30 米了。"司机师傅一度没有找到机场高速路口的收费站。看着高速路两旁闪烁的警示灯,师傅修正了自己刚才的说法:"现在能见度不足 20 米了。"

细密的白雾飘在车窗上,时而游离,时而栖息。

城市过于喧嚣的生活,让我迫切地想寻找一处僻静的乡村,隐居起来,梳理思绪,整理资料,在乡村的虫鸣鸟语声中写写论文。

我曾常年参与乡村公益活动,特别是在乡村儿童的阅读推广方面,与几位志同道合的朋友做过一些努力,在中西部的农村筹建了几个供儿童阅读和学习的乡村图书馆。因此,友人提议并介绍我到湘西山区一个名叫"古伦村"的地方,担任一个乡村图书馆的驻村馆长。

好友深耕乡村儿童阅读公益活动已经数年,尽管我也多次参与其中,还被团队称为"小智囊",但终究只是隔靴搔痒、纸上谈兵、经验不足。"读书而内秀,行走且自由"一直是我的追求,怀揣着"吃百家饭,行千里路,读万卷书"的梦想,我读博时选择了社会科学。我渴望用双脚去丈量中国。渴望到一个小乡村待上一段时间,俯下身子,把头贴近土地感受温度;渴望与村里的男女老少面对面交谈,分享他们的幸福与欢喜,倾听他们的惆怅与担忧,然后静下心来,临窗沉思,思考我们孜孜以求的乡村振兴究竟意味着什么。我想,走进古伦,置身事内,躬身入局,或许是了解中国农村最好的方式。

古伦村的党支部书记兼村委会主任少锋哥和党支部副支书灯哥都发来

暖心的信息，告诉我慢慢过去，他们随时欢迎我。考虑到我工作和学习的需要，两人已经提前专门找人安装了无线网络，为我打扫了房间。

今天清晨，司机师傅早早的电话提醒，让我得以在这个大雾天气安心淡定地前往机场。这些点滴小事，又让我突然觉得，尽管新冠肺炎疫情还在持续扩散，但是这个社会依旧在有序且良好地运行着，一如往常。

当我在机场吃完一碗特辣的过桥米线，顺利登上飞机时，我都不敢相信这一切就这么发生了，我被自己勇敢迈出的第一步惊诧了。飞机起飞那一刻，我恍然间发现，那些禁锢我精神的墙，其实是我建构给自己的。出发之前，我不断地告诉自己，现在疫情这么严重，离开北京很难，我承担的工作那么多，参与的项目一个接一个，很多事情都不能随随便便放下。

其实，这些所有的借口，通通都是我内心的胆怯与懦弱幻化出来的藩篱，它将我紧紧包围，让我很难做出改变。我已经变得足够听话，或者说足够懂事，我变得瞻前顾后，害怕让每一个对我怀有期待的人失望，所以，我总是很难拒绝别人，从而承担了太多的工作。而我，却越来越难以听见内心的声音。我用一抔水、一把泥，再加上厚厚的篱笆，砌起了我心中与世隔绝的墙，困在其中，难以突破。

可现实却是，我仅用一天时间就卸下了两项重要的工作，从买机票到申请离京，再到打疫苗、做核酸、收拾东西、登上飞机，所有这一切，在我曾经看来，似乎是不可跨越的鸿沟，现在却在那么一瞬间轻轻跨过了，云淡风轻。亦如今天早早地起床，也并不是那么难以做到。米德在他的符号互动论中，提出了这样的说法："我们是在行动中遇到那个让自己惊诧的自我。"我想是这样的，如果不迈出那一步，我可能永远都无法遇到另一个自己。我在象牙塔的温水里待得太久了，快忘记了怎么在风浪里搏击，在饥饿里觅食。

昨夜，当我收到少锋哥微信的那一刻，我方才知道，那些我告诉自己、也用来搪塞别人的话语仅仅是我给自己找的借口，就像我不断和别人说起的那句话："社会调查建立信任本来就很难，现在又是疫情期间，北京疫情又这样，我现在到哪里都是个危险人物，建立信任就更是难上加难了。"到了晚上 10 点半，离学校超市关门仅剩半个小时的时候，我才想起，此去他乡，又何尝不是融入另外一个群体内部呢？我总该带点东西吧，起码带点清华的礼物去拜拜码头呀！礼物的流动是生生不息的关系润滑剂。我们到哪里能够离开当地的社会群体呢？曾几何时，融入每一个群体，与他人打交道，这些都是我最擅长的生活技能，如今却被我遗忘得差不多了。

尽管浓雾重重，厚得如同堆积的棉花，但是司机师傅仍告诉我"应该不影响起飞"。这一年来，因为看手机和电脑屏幕太多，我的眼睛越来越看不清东西了，好像近视已经很严重，这对我来说是一个很难接受的事实。在我的脑海里，我还是二十出头在蓝军旅服役期间被评为"特级射手"的那个自己。记得研究生刚刚开学时，大家在校医院排队体检检查视力时，我走上前去，对着视力表一看，左眼 5.1，右眼 4.9，当时就震惊了后面的几位同学。可谁能想到，如今我却已经看不清离我最近的黑板和电子屏幕了。这总让我略带悲伤地想起，那些曾经拥有的东西，都在一件一件地离我而去：奔跑的速度、充沛的精力和善睐的明眸。当这些都在逝去的时候，我不断地问自己，我又以此来向命运换取了什么？

飞机冲破厚厚的浓雾，穿透云层。当上午 9 点的阳光从飞机的小窗户射进舱内，照在我的笔记本电脑上时，我才猛然间觉得，在我冲破那漫天大雾和厚厚云层后，等候我的也许就是辽阔明媚的云海和深邃迷人的土地。

灵感是潜藏着的野性，我必须将自己"放虎归山"。此去经年，我将经历一场怎样的旅程呢？

从未有过病例的湘西小城

怀化城里，初冬的阳光，些许破败的街道，几乎不戴口罩的行人，这一切让我这个裹着羽绒服、挂着蓝色口罩、提着一个白色行李箱的人，看起来是如此的格格不入。车站在城市的边缘，司机拉着我急速离开这个中转的城市。道路两旁，时而露出几栋精致豪华的别墅。

1. 初入小城

我坐上大巴车赶往怀化市西南角的通道侗族自治县。宽大的大巴车厢里，座位上只坐了五六个人，都在耷拉着脑袋昏昏欲睡。从怀化到通道的动车开通以后，坐大巴车的人越来越少，而我却更喜欢坐在大巴车的窗户边，穿过一个个村镇，看人们劳作的身影和赶路的表情。

大巴车穿行在湘西的山林间，途中时而现出一座座小山包。山脚是一块块形状各异的水田，其间点缀着几汪浅浅的池塘；坡地上间或有农家开垦的荒地，种着些青白相间的小菜，菜地旁是红色果实挂满枝头的橘子树；山坡上端，则在搭建高架桥、铺设高铁轨道。

高速公路上，不时会遇到几辆拉着货物的大卡车在平缓地行进着。自从读完沈原老师的《中国卡车司机调查报告》"N 部曲"后，我对卡车司机更多了几分关注。一路上，凡是遇到超过的卡车，我总是赶紧偷瞄一眼那个集生活与工作于一体的驾驶室，看看里面是不是只有一位司机，试图探察有没有年轻的卡嫂一起随车，加入到这间汽车轮子上的厂房之中。遗憾的是，两车并行的时间很短，我根本来不及看清驾驶室里究竟是几个人。

三个多小时后，大巴车进入了通道县。这时我才发现，侗族的房屋非常有特色：一般建三层，有两层瓦，最上层铺设了一层悬山屋顶之外，二楼的屋檐外还会再铺设一层小青瓦，这种构造使得吊脚楼层次分明，极有神韵。吊脚楼高墙下的晾衣杆上时常还晒着一家老小的衣裳。特别是在刚刚进入通道县时，道路两侧都是高高的鼓楼，就像一座座耸立的木质镂空塔。

迄今为止，这个小城未曾出现过一例新冠肺炎病例。尽管疫情形势如此严峻，全国九个省份都有病例发生，但是在这个湘西边陲的小城，新冠病毒仅是活在人们头脑里的魔鬼，每天都听到却又远在天边。大家只是在新闻里看着到处传播的病例心急如焚，但是病例一直都未曾到访这片土地。

下车后，街道上也并没有人戴口罩，连车站负责登记来访人员情况的疫情防控工作者，也都只是简单戴了个普通防护口罩，与北京市防控人员的白色防护服加护目镜的全副武装比起来，显得简单了很多。之后，我打车前往县人民医院做核酸检测，尽管我提着行李箱，司机也并不关心我究竟是从何处来。

人民医院的核酸检测点设在门诊楼外，那是一个临时搭设的简易房。两位检测人员一听我是从北京来的，第一反应竟然是问"你从昌平来？"我赶紧解释，"我住在海淀，从未去过昌平"，工作人员才把提着的心放下来，还开心地和我攀谈起来。

对于一个北京的年轻人为什么会跑到通道这个小县城，而且登记表上填写的目的地是偏远的"牙屯堡镇古伦村"，两位护士都非常好奇，睁大了眼睛追问。

我只是简单说是来参与一个乡村振兴的项目，旁边的一个护士赶紧对身边的另一个护士说，"那边确实是有这类项目"，两人都会心一笑。负责采样的护士，仅仅是拿根棉签在我的喉咙里简单擦拭了一下，就把棉签抽了出来，那温柔的劲儿一点儿不像我前几次在北京医院里的经历。

采样结束后，当我问起什么时候能拿到检测结果时，两位护士告诉我，要到明天早上才能在医院的机器上打印纸质报告单，而电子版的，估计要等到第二天上午11点才能上传到系统。我在北京也同样是下午4点做核酸，但晚上10点多就能打印纸质版报告，并且同步上传到健康宝系统，而在这里，整整晚了 12 个小时，没办法，只能选择等待。

后来少锋哥告诉我："我上次做核酸，隔了三四天才给我上传系统，让我等了好久才能出门，他们经常弄错。"我心里暗自思忖：还好，这是个湘西小城，没出现过什么病例。

2. 四海为家的卡车司机

阴雨绵绵的 11 月，我在通道县城随意地走着，看到路边有家理发店，便走了进去，想简单洗洗因为赶路而油光闪烁的头发。店里的理发师尽管看到我提着箱子，听出口音也绝对是外地的，但从始至终都没有让我出示过健康码，更未曾问过我从哪里来。

下午 5 点时，下班的人们陆续骑着电动车穿城而过。我打了一辆出租车到新城区去见少锋哥，他正在忙着整理水果店的支架，很快就把我接到他的店里。

少锋哥身材瘦长，穿着一件米白色的卫衣，留着一个短短的平头，眼睛不大，但眼神清冽而有力，整个身体传递出一种很有劲的感觉，乍一看非常像一个解放军士兵。只是让我没想到的是，寒暄完之后，少锋哥问我的第一句话竟然是："你结婚或者有女朋友了没？"

我十分惊讶，赶紧笑着说："我还没有结婚，但是一直都有女朋友。"少锋哥哈哈一笑，仿佛心里的一颗石头总算落了下来。

"这我就放心了，主要是村里的女孩本来就少，单身的男的还有一大片呢，要是来个这么优秀的清华博士，把我们村仅有的几个女孩拐走了，那我这个村委会主任责任就大喽！"少锋哥笑着解释道。

少锋哥的水果店位于新城区花园广场的南面，他很早就租下了这个店面，将其命名为"粟氏水果"。之前营业过一段时间，后来由于人工成本太高，且村里工作过于繁忙，就关了一段时间。今天晚些时候，即将从陕西洛川拉来一车苹果，是少锋哥和朋友一起承包的果园所种的。由于这里至今都没有大的水果批发市场，他正打算在这方面开拓一下。

晚上，送货的司机到了。一路上，我都在有意无意地观看沿途的卡车司机，而此刻，这个跳下红色卡车，穿一身黑色 T 恤、黑色工装裤和黑色外套，有着圆圆的脸，留着小平头的，被我们称为"李哥"的卡车司机，就坐在我对面，我们一起喝着米酒，聊着他的人生故事。

李哥今年 48 岁，开卡车四年多了。2008 年之前一直在北京开出租车，对北京各条道路乃至一些我从未听闻过的小胡同都熟门熟路。后来北京管得严，生活压力也大，他就带着老婆孩子回到了陕西老家。四年前，李哥贷款购置了辆卡车跑运输，以拉蔬菜水果为主，跑过不少地方，曾经还到过我的老家云南，对云南美食一直念念不忘，最远一度到过云南保山。尽管他非常想再踩几脚油门去一趟边境小城腾冲，但苦等几日都没有等来腾冲的运货订单，只得调头作罢。

在清华时，为了打造系里的学术氛围，我专门组织了读书会。曾邀请十多位同学一起阅读三大本板砖般厚的《中国卡车司机调查报告》，为此花费了系里 6000 多元的学术活动经费。三本书加起来总价超过了 300 元钱，成本太高，我心有不甘。在机缘巧合之下，我把《中国卡车司机调查报告》课题组组长沈原老师邀请到系里，做了一次专门的卡车司机主题讲座。为了精心筹备那次讲座，我把三本书逐字逐句读了两遍，又把沈老师及其团队发表的期刊文章和网络视频通宵达旦看了一遍，我自认为对卡车司机还是非常了解的。

然而，理论总是苍白的，而生命之树常青。当一个活生生、有血有肉、有爱有恨的卡车司机真的坐在我对面时，我却不知道该问点什么。那些曾经让我一度在楼道间踱步思索的问题，一瞬间在脑海里化为一缕青烟，飘然散去。我只是静静地听着他讲述，稍微有点冷场时，我才询问几句，试图了解沈原老师一直在推动的传化·安心驿站的运营情况，以及像北斗、公路收费等一些问题的改善状况。也是从李哥口中我才得知，原来传化·安心驿站的推进较为缓慢，至少在北方，使用率并不是很高，很多长期困扰的难题也都处于"慢慢会往好的方向发展"的自我安慰之中。

　　李哥主要还是在货车帮上接单，哪里有货，就去往哪里，而且是自己一个人跑，一两个月才能回一趟家，是真正的"四海为家"。李哥说，现在因为疫情，跑运输非常不容易，得不断地做核酸检测，特别是跨省跑运输，核酸检测结果必须是 48 小时以内的。从采样到出结果就花去了 24 小时，等拿到结果，核酸的有效期只剩下一天了。李哥坚持认为，在疫情防控方面，卡车司机群体整体上是比较安全的，因为卡车司机大部分时间都在车里，也不和多少人有接触和聚集。就在几个月前，李哥因为到过病例所在的城市拉货，不得不在车上连续住了两个多月。

　　吃完晚饭，李哥又想回到车上去休息。他早已经习惯了住在车上，尽管从陕西一路跑了 14 个小时才到这里，身体已经疲惫得不行，但李哥并不舍得花钱住到宾馆里去。

　　"一块儿去宾馆洗个热水澡，好好休息一下呗。直接住宾馆里就好。"在少锋哥和我的再三邀请下，李哥才与我们一起到宾馆居住。

　　第二天一大早醒来，我们就开始准备卸货，少锋哥找了四个工人来一起卸货，两位中年妇女加上两位中年男人，戴着手套，系着做工的围裙，看来是常年以此为业。700 多箱苹果，不间断地卸了两个半小时才结束，最后四人的工钱一共是 500 块，平均每个人的时薪是 50 元，实属不易。

3. 我与古伦初相遇

　　一切收拾妥当之后，少锋哥和我开始买票，前往古伦村。车子在山间快速地驰骋，不时拐过一两个急弯。现已是秋收之后，道路两侧的稻田里已经很少有人在劳作。

　　走了大约一个小时才到达镇上的派出所，副支书灯哥已经在那里等候许久。少锋哥要去别处送东西，我便与灯哥一起乘车回到村里。灯哥是位帅气的 80 后，中等个子，说话幽默，爱好各种文艺活动，早年在外经商，做点小生意。有了孩子之后便选择回到村里来担任村干部，同时可以照顾两个孩子，让妻子能够安心在广东的工厂打工，也能够把家里的新房建设搞一下，让一家人可以早日搬进新家。

路上，途经牙屯堡火车站。这个火车站就建在乡镇街道尽头的小坡上，被郁郁葱葱的树木遮挡，完全看不出是个交通枢纽。

牙屯堡站在 1979 年就已经建成，虽然在湖南境内，却归广西的南宁铁路局管辖，是焦柳铁路线上的一站。灯哥告诉我，上世纪 90 年代以后，一批又一批的村民，就是从这个火车站乘着火车，前往外地打工，也恰恰是由于这个火车站带来的便利，村里大部分的村民都到广东打工去了，留下来的大都是老人和小孩。

自媒体推送里有风景如画的侗族村庄、极具特色的侗族服饰、宛若清泉古韵的侗族大歌，还有灯哥口中的留守老人和小孩。我将会邂逅一个什么样的古伦村呢？又将与这里的侗族居民产生什么样的碰撞呢？

想着想着，车子从颠簸的小路上拐进一个小村落里。就是在这个下午，我与古伦村相遇了。

一下车我便看到了篮球场北侧的"侗见"空间——一栋古色古香的木楼。近前一看，"侗见"二字映入眼帘，我心头一惊，感叹起这名字之人真是才思敏捷，既融合了民族特色，又打开了无限的想象之门。门上匾额的"侗见"二字，笔法清秀隽永而又有苍穹力道，起承转合间寄予了无限的期待。走进其间，西侧是几架满满的书墙，红色的杉木柱子间，点缀的是纤细的竹篾吊灯。

走上"侗见"楼二层的春芽图书馆，看到的是一排排儿童书籍，可以升降的阅读平台，丰富的文具混着杉木的松香味道，我想这也许就是作家博尔赫斯梦想中的图书馆吧！村里人告诉我，这个图书馆是涓流信托和社会组织乡兴社组织来的一大批爱心人士兴建的，他们把老旧闲置的旧村部楼，打造成了今天这个人人都要掏出手机拍照的乡村图书馆。望着侗见楼外苍翠的古树和潺潺流淌的溪水，我想，村里的孩子们太有福了。如何把这个空间运营起来、充实内容、聚起人气，让孩子们最大限度地从图书馆里受益，给孩子们提供更多创造美好人生的可能性，也许是我值得努力的方向。

图书馆北侧一栋三层的建筑是新的村部楼，楼上巨大的红色牌子上写着"古伦村党群服务中心"几个大字，非常显眼。在国家建设服务型政府的大背景下，全县乡村的村支两委办公地，都用统一的红色底板，写上了"党群服务中心"的大字，高高挂在楼上，远远便能看到。

村部楼前是一个宽阔的广场，广场有三分之二的部分是篮球场。党群服务中心南侧是一个侗族的塔楼，显然是经过了重新修整，已经变成了村里的戏台，平时作唱侗歌侗戏表演用。

图书馆的南侧，是一座柱子和木板都已经泛起黑灰色的鼓楼，已经有些年代，早年间毁于一场大火，如今只剩下两间围起来的屋子。鼓楼里，一群人正在打麻将，不时飘出一曲曲侗族的民谣。历经沧桑的鼓楼、颇具民族风情的侗族歌谣，竟然与麻将声就这样奇怪地混合在了一起。

晚上，少锋哥准备了欢迎我的晚餐，还邀请了五位镇上的干部。晚餐前，少锋哥带我去采摘他种植的木耳。这是我第一次从枯树桩上摘下新鲜的木耳，在我20多年的人生中，热衷提升厨艺的我，做过不同口味的木耳菜肴，而新鲜的木耳我还是第一次采摘。在黑色布网搭建的暗房里，我和少锋哥从一根根斜靠的树桩上，摘下新鲜的木耳。新鲜木耳是晶莹的红褐色的，像小小的生命在用纤细的神经支撑起一顶大伞。当我在水池里清洗时，指尖第一次感受到木耳的润滑。即便那道木耳炒肉被摆上餐桌，新鲜的木耳依旧保持着晶莹的红褐色，吃起来脆爽嫩滑。

晚餐后，一群人有说有笑，少锋的爸爸专门拿出自家酿制的米酒和用黑老虎泡出来的果酒，我十分激动，连连谢过阿叔。这里就不得不重点说一下黑老虎果酒。黑老虎是当地一种红色的野生水果，在水果与米酒的相遇下，经过一段时间的浸泡，果酒呈透亮的红色，它不像红酒那般浓烈、深红，而是比较清淡，具有一种淡泊的红、与世无争的红。坦白地说，当灯哥告诉我这是黑老虎的时候，我真的没有反应过来。我从来没有听说过黑老虎这种水果。直到第二天，少锋哥拿着一个鲜红的水果，从果子上掰下一块乳白色的果肉，向我展示并邀请我尝尝时，我才知道，原来黑老虎长这样。远远看去，它就像一串红色的葡萄一样，其外形呈球状，从上面掰下的果实像红石榴一般，非常清甜，也散发出淡淡的清香。

我说："这是我第一次见，更是第一次吃黑老虎。"

少锋哥一笑："又是第一次？"

古伦村就是这样一次次解锁我的第一次，或许，这就是一段全新旅途开始的兴奋与激动吧！

湘西山间的清风

2021年11月6日，我迎来了到达古伦村的第一个清晨。

头天晚上，驻村的第一书记王书记便约我清晨跑步。清晨5点半，天还是一片漆黑，我们便顺着山间弯弯曲曲的小道，深一脚浅一脚向着镇子方向跑去。湘西清晨的空气非常湿润，山风拂面而过，像极了爽肤水在脸颊将干未干的刹那。

异常轻快的脚步，混合着王书记乡村重金属风格的摇滚乐，我们在黑夜里，打着手机电筒微弱的光，奔跑而去。

山间的村道上没有一个人，也没有一辆车，只是偶尔跑出几只中华田园犬，在狂吠两声之后，看到我们手持小音响，步伐矫健，就远远地跑开了。

跑了大约半个小时，天才慢慢露出亮色。路边是农民开垦出的荒地，悬崖边一块块地里种着青菜，悬崖下是拍打着裸露的岩石、湍急地流淌而过的河流。尽管是水泥路，但由于长期承载拉重物的卡车，狭窄的乡道已经满是坑洼，还混合着些许碎石。一个来回，我们俩花了一个小时，整整跑了10公里。

此时天已完全亮开，我俩从田野间的小道穿过，跨过风雨桥，路过一户户尚未打开的屋门。只是，极目所望，侗族特色的木房越来越少了，钢筋水泥的小平房越来越多。许多村民也都远离团寨，搬到了马路旁边。

古伦村整个村子以村部楼为中心，较为分散地分布在不同山包。村部楼是一栋三层的平顶房，一楼是便民服务大厅，办公室和会议室主要在二楼，三楼则是一个视野宽阔的阳台。也是在办公室里，我第一次见到了驻村的第一书记王书记。王书记是县里房管局的干部，40岁不到，中等身材，方形脸，头发向后梳着，抹着油亮的发胶。王书记已经来村里担任驻村第一书记四个多月了，每天都得住在村里，只有周末才会回家一趟与家人团聚。王书记是个喜欢做饭、也擅长做饭的男人，颠勺的动作极其娴熟，平常村部楼的食堂里，活跃的都是王书记的身影。作为湘西小城里年轻的中产阶层，王书记极其喜欢跑步健身，还参加过多个地方举办的马拉松长跑。

早餐过后，我便在村子的广场上随便走走。广场边上，一群老人一大清早便蹲在墙根下，晒着太阳，侃着大山，聊着村里的各种家长里短，并且目光一致地打量从路边经过的每一个行人。我仔细看着村里的公示橱窗，想通过这些公示文件来了解村里的大体情况。中途，从广场的入口走过来一个老人，带着小孙女过来和我交谈。一问才知道，老人原来是村里的老村委会主任，带着两个孙女，一个刚刚上幼儿园，另一个才3岁。两个孩子的父母都外出打工去了，平时仅留下两个老人在家里带孩子。连村里的老主任都如此，这个村子真实的留守情况究竟是怎样的呢？我陷入了思忖之中。

我走进侗见楼二层的春芽图书馆，静静感受这里独特的空间设计。根据楼下墙壁上碑文的记载，这栋木楼原是村里的小学，2008年新的小学建成后，这里又暂时作为村部楼用来办公。几年前，新的村部大楼建成后，木楼便被闲置起来。2020年5月，在社会组织和多方力量的帮助下，这里被改造为一座乡村图书馆，连建筑设计师都是通过公益方式面向社会招募的，而施工的工人则是村里的木匠。

一层原是一个开放的村民议事空间，经过改造后变成了敞亮的议事厅和展览厅，北侧放置了三大书架图书，村民可以自助取阅。南侧则是两张长桌和十多把椅子，整个空间至少能够容纳百人参加活动。这个展厅既可以用来议事，又可作为展览，平时还能供村民们休闲和阅读。特别是在夏天，一层公共议事空间就成了村民纳凉的好去处。

二层则主要是供孩子们阅读和学习的春芽图书馆。经过短短的一年，在各方的捐助下，这里已经收藏了9000多册图书，以儿童阅读的绘本、立体书、卡通漫画居多，还有一些供学龄前儿童玩乐的早教玩具。而我此行的目的，就是要让这座图书馆真正运转起来，让孩子们愿意来到这里学习看书，让这座侗见楼真正呈现出生机与活力。

我靠着清香的杉木椅子，背后是两排书架。向窗外探出头去，楼下的小河缓缓流淌而过，波光粼粼，不疾不徐地流向远方。几百米外是一座小山包，山间的树木苍翠，郁郁葱葱，随着这湘西山间的风，摇曳生姿。山脚下的田野里，秋收过后的稻桩间重新发出嫩苗，在枯黄的田间努力挣扎出一片新绿。一条斑驳的水渠横亘田野而过，仿佛拉萨城外青藏铁路上的高架桥，巍然肃穆。

我在村部楼里翻阅村里的材料，这才了解到，古伦村全村一共 307 户，人口 1300 多人，200 多个未成年的孩子中，百分之八十以上是留守儿童……数据令我惊愕，我愈发想知道数字背后的人在过着什么样的生活。

晚饭间，由于少锋哥去参加全镇村支书的会议了，我跟阿叔和阿姨详细聊了一会儿。阿叔和阿姨是因为唱侗戏结识的，两人结婚后便从牙屯堡火车站乘坐火车外出务工。也正是由于外出务工，阿叔和阿姨才能说清楚普通话。聊天间隙，阿姨忽然对我说："我的普通话说得不太好，你要是有听不懂的，或者我说不对的，你不要介意呀！"

这句话让我诚惶诚恐。我知道，为了让我听懂，他们在努力地说着普通话；为了让我没有外人感，凡是有我在场，阿叔和阿姨两人说话时，都尽可能说普通话。由于好几年没有外出务工，他们两人已经很少再说普通话了。但是，那一刻，他们说得那么认真、那么诚恳，尽管不时停顿几秒低头想词，但是话语里，流露的满是真诚与信赖，让我这个突然闯入的外乡人，顿时十分感动。他们的淳朴和善良，亦如这山间清爽的风，清香而沁人心脾。

初战受挫

或许很难想象，我的古伦村之旅是在挫败与惊讶之中开启的。

周五下午，我早早地在村里的家长群里发布消息，期待着周六能有家长们带上孩子，来与我交流他们在孩子教育上遇到的问题，我也精心梳理了自己求学和成长历程中经历与耳闻的一些案例和经验总结，希望与家长和孩子们交流共享。

1. 手把手教为哪般？

周六上午，我早早地来到村部楼前的广场，期待和几位家长交流。一眼望过去，家长们大都带着两个孩子。一位略微发胖且面带笑容的阿姨跟我说："家里的两个孩子，一个2岁，一个4岁，孩子父母一到孩子满岁，便到广州和深圳打工了，平时从做饭到换洗都是我这个奶奶一个人完成。"

来的八九户家庭里，大都是爷爷或者奶奶，只有一位年轻的妈妈。一问才知道，这位年轻妈妈竟然与我同岁！她和我说，她也是有两个孩子，一个1岁，一个3岁。她非常直率地告诉我，村里现在大部分的孩子都是奶奶和爷爷带，没办法，大部分父母都是孩子才满1岁，刚刚断奶，就把孩子留给老人，夫妻俩外出打工去了。能来图书馆这边的人，只有她一家是她自己带孩子的，其他的都是老人在带。村里老人带孩子的要求不高，只要让孩子吃饱饭、别冻着就行。

我把十几个孩子带到二楼图书馆，一两岁的孩子只能玩一下图书馆的玩具，3岁到6岁的孩子，一直嚷着让我教他们画画。

自从告别出黑板报的学生岁月之后，我至少已经10年没有再认真画过任何图画了，但为了满足孩子们的心愿，我只能从柜子里搜寻出 9 张 "阿狸"的图片，让孩子们画一下。但是，孩子们说，图书馆没有纸，我只能赶紧跑到村委会办公室，找了一包 A4 纸，又在孩子们的帮助下，从图书馆的角落里搜出了彩色铅笔和水彩笔。

我帮孩子们找好画夹，铺好画纸，把 "阿狸"图片放到画夹上。我原本期待着孩子们能够创作一番，哪怕是胡乱描画也好，可 9 个孩子里，8 个孩子都告诉我，他们不会画，问我能不能手把手教他们画一下。

孩子们用期待的眼神一起看着我，没办法，我只能让孩子们握着铅笔，我再握着他们的手，照着一张张 "阿狸"的图片，慢慢描摹。我不断告诉他们怎么看图片，怎么勾勒线条。对于一个近 10 年都没有再描摹过任何图案的博士生来说，一幅简单的图画已经足够难住我了，我只能带着他们慢慢勾勒。

只是，当我在带着其中一个孩子勾勒的时候，其他 7 个孩子都在眼巴巴望着我，等着我教他们。尽管他们都已经五六岁了，但是，他们并不懂得如何素描。没办法，我只能让他们一边观察学习，一边耐心等待，等我教完一个再教另外一个。也许那一刻，我是全世界最拙劣的美术老师，但我却极其用心。"阿狸"的图案极其简单，但每一丝线条我都慢慢地去教他们，带着他们去感受。

孩子们在等待的时候，不断发出尖锐的嘶喊声，带着那么一丝丝山间孩子难以驯服的野性。我只能向他们强调，在图书馆里要保持安静，如果谁再发出声音，我就不教他们画了，孩子们立刻安静了下来。

在学画画时，一个叫小茹的 6 岁女孩拿出一排哨子，眼巴巴地看着我问："叔叔，我能不能吹哨子呀？"

"图书馆里不能吹哨子哦！在图书馆要保持安静的，好不好？"

"好的，那我以后不在这里吹。"小女孩马上允诺道。

"你为什么想要吹哨子呢？"看着孩子心有不甘的眼神，我好奇地追问。

"因为爸爸妈妈都不在，我晚上在家里很害怕，我一害怕，就会吹哨子。

但是，奶奶告诉我不能吹哨子，因为夜里有鬼，我吹哨子的话，会把鬼引过来。"小茹抬起头，一脸诚恳地回答。

只是，这个回答给我的心头仿佛击了一钉锤，这个孩子小小的年纪就离开爸妈，与奶奶生活在一起，必然缺少陪伴与呵护，当她感到孤独和恐惧时，唯一的排解方法，也许就是用这个买糖果时得到的哨子在夜里吹，来消解自己的恐惧。奶奶为了不影响到周围的邻居，就用农村传统的"有鬼"来呵止孩子的行为，而这种呵止却在这个 6 岁女孩的心底留下了更大的恐惧与孤独感。所以，小茹在画画途中，找不到适合的水彩笔时，她一紧张，就想要吹响手中紧握的哨子。

我告诉小茹，"这世上没有鬼，但是在夜里和在图书馆都不能吹哨子，因为会影响到身边的人，你以后想要吹哨子的时候，就想想今天画的画和你看的冰雪奇缘里面的故事，好不好？"

小茹十分懂事地给我回复了一个"好的"。

我慢慢地带着每一个孩子勾勒好轮廓之后，再让他们描摹具体的细节，并给图画上好颜色。孩子们面对窗边认真作画的样子，被一位阿姨拍了个小视频发到"古伦村家长委员会"的群里，引来一片点赞。

等画完以后，我让孩子们都在作品上写上各自的名字，因为这是他们这一个上午努力完成的作品。可 9 个孩子里，有 2 个不会写自己的名字，一个孩子已经 6 岁，一个孩子 5 岁，最后只得由奶奶帮忙写上名字。完成画作的 9 个孩子里，仅有一个孩子没有按照分发的"阿狸"图片画出图案，而是画了一幅五星红旗和天安门，这是一个二年级的孩子。我把一包清华的手绘明信片作为礼物送给他们，可没有一个孩子选择清华最有标志性的二校门和带有"清华大学"四个字石碑的东南门的明信片。他们还太小，对此也还没有任何概念，我想这未尝不是一件好事。

上午的活动结束时，一位奶奶一再邀请我到家里吃饭，我最终只能以有事而婉拒，欢迎他们下午再来。这就是乡下人特有的淳朴与好客。

2.图书馆变成打闹新天地

初次预热取得了不错的效果，也收获了不少点赞和好评，这让我对下午的分享和交流活动更多了几分信心。我期待着给家长们传递关于教育孩子的理念，并就图书馆的使用倾听一下家长们的意见，最后与家长和孩子们就我能做的一些工作达成几条共识。

中午，我早早到一楼调试设备，让几个在屋内玩耍的小男孩一起帮忙打扫卫生，他们非常勤快，扫地的扫地，倒垃圾的倒垃圾，还非常认真地帮我把白板上残留的文字用水擦掉，孩子们的勤快既震惊了我，也感动了我。

吃过午饭，我赶紧洗个头，早早地过去，期待着下午精彩的交流。为了下午的交流，我头天夜里赶做了一个精美的PPT。

可到了原本约定的下午2点时，却不见人影。我心里开始犯嘀咕，这是怎么啦？难道上午家长们对我失望啦？这时，我不断告诉自己，也许正如灯哥昨天说的那样："乡下人不一定准时。"

过了一会儿，总算有一位家长过来，带了4个孩子，我一问才知道，原来是嫁到外村的年轻妈妈，今天恰好回到娘家，听说有人在这儿开交流会，过来看看而已。有2个孩子是这位年轻妈妈的，还有2个孩子是娘家的，都由她一个人帮忙带一会儿。

到了2点15分，还没有几个家长过来，孩子们倒是陆陆续续地过来了不少。我预感下午的第一次正式分享和交流活动可能要凉菜。但我还是劝自己，可以再等等。

面对孩子们的躁动，我只能通过手机投屏的方式，带着孩子们听听音乐，看看视频。当我打算带着孩子们做游戏和背诵诗词时，他们立即就失去了兴趣和耐心。

半个小时过去了，零零散散地来了三四位家长，带来的孩子也大都是年龄在10岁以下的。"啊，原来都是这么小的孩子呀！"我不由得惊叹。尽管我热情地上前去与几位家长交流，但是家长们告诉我，他们也不懂得带孩子，把孩子交给我后，他们就放心地转身走了。

孩子们对我分享的学习方法和成长经历也并不关心，只是想拉着我带他们一起做活动。我之前全部的计划和想法被打破，精心制作的 PPT 甚至没有机会打开，那些我准备好的金句、期待中的妙语连珠，成为了一枚枚哑弹，一句也没有说出来。我咬咬牙，心里想，既然如此，只能以当下作为突破口了。

我把孩子们都带上二楼，让孩子们自己挑选喜欢的书籍阅读。可孩子们在图书馆里奔跑打闹，木质的楼板咚咚咚地响个不停。我只能通过约法三章让孩子们安静下来。二楼图书馆里的凳子太少了，而且凳子大都是根据成年人的身高设计的，这些幼小的孩子坐着非常吃力，一双双小腿悬在空中，没一会儿，孩子们便坐不住了。

还有四五个一两岁的孩子在一旁玩玩具，玩具嘟嘟嘟地响个不停，也很难让看书的孩子安静下来。

在这一刻，我才打心底里意识到，把农村图书馆区分成 0—3 岁的幼儿馆和 4 岁以上的少儿馆是多么重要。因为这两个馆区，一个要求的是游戏和互动，一个要求的是安静和阅读。

特别是对于古伦村这个乡村图书馆，大部分来馆里的，都是带着两三岁孩子的老人，不可能每天都开展什么育儿活动，他们能带孩子做的，不是看书认字，更不是阅读所谓的精美绘本，而仅仅是玩耍——把图书馆里那仅有的几个玩具，反反复复地把玩。

在孩子们看书的间隙，我来到一楼，看到戏台上十几个男孩子正聚在一起，三个孩子抱着手机沉迷地打着游戏，四个孩子砸着奥特曼卡片，还有五个孩子到处奔跑嬉闹。我先让一个非常热情的小女孩去邀请他们上楼看书，又让另一个文静的小男孩去再次邀请，都不好使。

男孩子们对图书馆根本没有兴趣，他们只想沉浸在手机游戏和砸纸牌的世界里。他们最大的愿望是让我给他们放鬼片和《火影忍者》，反反复复要多次。我想带着他们看科幻片，包括《流浪地球》和《星际穿越》，可孩子们看了三分钟不到，就没有耐心了。这时，一个 7 岁的小男孩开始抱着手机兴奋地刷起快手，视频里全都是一些奇异的表演。

下午 4 点，一位包着白色头巾的老奶奶带着两个女孩和一个男孩走进图书馆，朝我笑着迎面走来，"快叫老师，和老师请教学习一下。"询问之下才知道，原来他们都是初中生。考虑到二楼孩子较多，我只能带着他们到一楼聊天。

只是，走进一楼后才发现，四五个男孩子正在里面打闹，3 个男孩子依旧在热火朝天地砸着卡片。我让他们先出去玩一会儿，不一会儿，几个孩子又跑进来闹腾了，使得我与三个初中生的交流一直都在一群孩子的喧闹声中开展。

好在三个孩子成绩都优秀，排名都在年级前 20 名。初一的小男孩非常羞涩，腰板挺直地坐在那里。小男孩数学成绩非常好，从入学时就专门做了数学作业的错题集，只是特别不喜欢背诵历史、地理和生物，英语的听力也不是很好。

两个女孩子，则从小学就在同村同班，到了初三，还是同桌。只是班里学习风气很不好。两人在努力冲击市里的一中，成绩更好的那个女孩子显得更为自信，认为自己如果不出意外，进市里一中应该是问题不大。他们在学校里早上 7 点早读，晚上自习上到 9 点，周五晚上放假回家，周日晚上再回到学校。几个孩子都在紧张地准备期中考试，我只能鼓励他们好好复习，并与他们约定，期中考试后再聊一次。

3．艰难借出第一本书

等我聊完回到二楼时，负责值班的妈妈已经把卫生打扫好，准备回家了。我和她简单聊了一下，她说："你看，上二楼来的大部分都是女孩子，男孩子都在一楼打游戏和砸卡片呢！他们也不愿意上来看书。其实，每周能来的，也就我们附近几家，而且是有家长在带孩子的，村里住得再远一点的，他们也就不愿意来了。"

当我问到前几次办活动，马路对面的家长和孩子是否有来图书馆时，这位年轻的妈妈说："当初办活动的时候，远处的孩子有几个过来的，但是办活动就图个热闹，办完就完了，孩子们开心一下，事后啥也没有留下，靠办这些活动来维持，毕竟不是长久之事。"

离京的前几天，我在北京参加了清华社会学系纪念吴景超先生诞辰120周年的学术研讨会，并在会上作了简短的发言。对于百年前中国社会大地上风起云涌的乡建运动，吴景超是持批评态度的，他鲜明地提出，乡村出现的问题不仅仅是乡村本身的问题，它不能被单独解决，它必须和经济、政治、科技等一系列问题一起解决。因为中国农村那么广大，仅靠乡建这几个人去改造的，只不过是九牛一毛，而且是在链接了大部分外部资源的情况下，才有些许改变，另外那广阔的百分之九十九的乡村怎么办呢？同时，你帮助了一些村庄，在资源投入上，是不是对另外一些没法获得资源倾斜的村庄，也是另外一种不公平呢？

乡村的问题，是中国的整体性问题，它必须从整个中国系统层面得到解决。所以，吴景超提出了"发展都市以救济农村"的观点，其实就是一种城市化、工业化的思路。想来也是，那些曾经轰轰烈烈的乡建运动，哪个成为可供复制的案例了？可以说一个没有。如今，在他们奋斗过的土地上，除了留下一些思想资源，又留下了些什么呢？只不过是来来去去，了无痕迹罢了。

当我问起图书馆是不是至今还没有人借过书时，带孩子的大姐说："大家都没有借书这个习惯，父母平时也不看书，老人就更不看书了。而且怎么借书也不会操作，书借回家还担心孩子乱涂乱画给弄坏了。"

我十分耐心地跟她解释，孩子的阅读习惯是需要慢慢去培养的，第一步就是要创造阅读的环境。你在家里放个手机，孩子就只能玩手机，而没有其他选择了。你在家里放上一本书，孩子尽管起初不会看，但是当孩子无聊时随手翻翻，也许读到某个有趣的段落，就能激发孩子的阅读兴趣，为孩子打开一扇大门。

她认可了我的看法，我赶紧把她发展成为第一个注册的读者，并帮助她借出了图书馆的第一本书。

这位与我同岁的年轻妈妈，早年到广州的工厂里做工，后来与丈夫结婚生小孩后，便回到村里，和家里的老人一起带小孩，她和我说："等孩子再大几个月，我也得重新出去打工了。"

"那老人带孩子，你放心吗？你看，周围的老人带着孩子，你觉得孩子带得好吗？"我旋即问道。

"老人带孩子就真的只是把孩子喂饱不饿，期待老人教育孩子是不可能的了。但也没有办法呀，我不出去打工，总不能让他爸爸一个人赚钱，养活四口人吧！"年轻的妈妈无奈地回答道。

我竟无言以对。我知道，村子里有很多孩子刚刚满岁断奶，父母就匆匆外出的家庭，实乃生活所迫，在当地确实没有什么致富的途径。

或许是为了缓解我的失落，她赶忙对我说："其实也不是大家不愿意来图书馆，确实是这几天大人们太忙了，今天难得天晴，家里的大人都忙着去收茶油和罗汉果了，真的忙不过来。"我不知道这是为了安慰我，还是真实的情况，但我读懂了她这段话里的善良。

我告诉她："我不指望大家一下子都来借书，这既不现实，更不可能，但习惯是慢慢培养的，三年五年都可以，这个月我借出一本书或者两本书，那就是进步。每次有人来值班和带孩子来看书画画时，我就教他们如何注册，并帮他们借到自己的第一本书，慢慢地大家的习惯就都建立起来了。"

她连连认可，当她下楼时，我再次和她说："这不，你已经成为我们第一位正式借书的读者了，而且也学会了怎么操作借书和还书。"

她嘴角泛起微笑，说："我真担心下次来又忘记怎么操作了！"

"我会在这里待一段时间，忘了的话，我再教你一次就好！"我眼神坚定地回答并目送她离开。

4. 万般设想终成空

晚上，少锋哥问我今天的活动怎么样，我说其实还行，能推动一两位家长注册借阅就好，一下子建立起来也不可能。少锋哥也说道："我也觉得有这么两三个人注册和借阅也不错了。慢慢推进呗！但是灯哥觉得不满意，他觉得来的人太少了，而且好不容易拍个视频，还没有把好几位家长拍进来。"

其实我知道灯哥对图书馆交流活动并不满意，他没有和我说一声就回家了。为此，灯哥带头注册了我发在群里的图书馆借阅系统的小程序，还在家长群里专门发了长长的一段话。

"观察一天下来感觉到，我们村的家长对孩子的教育情况不是很积极。早上来的孩子3—6岁的居多，下午来的也一样。（我指的是在空间内的情况。）当然，操场上有很多的大孩子，就是不肯上楼去学习。还有几个是直接拿手机来玩的。对于以上这些情况，家长们有什么建议与想法呢？如何才能为自己的孩子培养出一个"清华梦"来，这个完全要靠各位家长的配合和支持才行！"

第一次的分享和交流是如此挫败，我花费了三个多小时精心设计的PPT，竟然都没有机会打开。我所期待的，是家长带着孩子坐在我前面，我侃侃而谈，讲述我对教育孩子的理念，并不时地讲出几句金句，让家长们拍手称赞，连连点头称是，以及我放出我的几张照片和两段视频，能成功吸引住孩子们的眼球，在他们眼里放光的时候，我与他们达成对图书馆使用的协议。我会耐心倾听家长和孩子们的建议，语气坚定地承诺，我将为他们带来一个清华博士生的指导和服务。

然而，所有这一切脑海里的畅想都没有实现，来的家长稀稀落落，不超过10个人，广场上的几个孩子甚至都不愿意和我上楼去学习看书，哪怕听我讲讲故事也是好的。而灯哥发在群里的话，更是无形中给我的驻村工作带来了一些压力。我与古伦村家长和孩子们相遇的第一天，就这样以我的失败告终了，尽管在我看来，只要有人注册借书就是一个好的开始，但这个开头，无疑是狼狈的。怎样定位我在这个村子的出现，开始变成了一件非常重要的事情。

5. 鬼片、火影忍者与神秘的契约

晚上，我把投影电视搬到了一楼的议事空间，并找了几个男孩子带他们看电影。我问孩子们："你们喜欢看什么？想看点什么呢？我们来投票决定好不好？"

"鬼片！"

"鬼片，老师，我们喜欢看鬼片。"

"我们都想看鬼片，老师……"

8个男孩子如机关枪一般地急切提出这个想法的时候，我开始为自己的这个提议感到后悔。我马上补充道："咱们这里是学习的地方，是公共空间，不能看鬼片。"

"但是我们就喜欢看鬼片呀，老师。"一个男孩子甚至从坐台上站起来，高高地举起了小手。

"咱们这是图书馆，我有责任和义务带你们看一些能够学习到知识的东西。"我赶紧解释，并问孩子们，"你们看过《流浪地球》吗？"

8个孩子都摇摇头，表示没有看过。尽管《流浪地球》被称为国产电影中真正堪称大片的科幻片，票房达到了46.86亿，城市里无数的家长早早地便带着孩子观看过了这部影片，但是在这个湘西山区的小村庄，竟没有孩子看过。

我最终说服了这8个孩子，带他们看《流浪地球》，并不时地和孩子们互动，提问他们一些小细节，并给他们讲解宇宙、星系、空间和光年，孩子们对我提出的问题，大都能快速回答上来。

尽管孩子们觉得看着还可以，但是刚刚看了半个多小时，几个孩子显然已经不耐烦了。

"老师，这电影为什么这么长？"

"老师，能不能换一个短的？"

孩子们长期看短视频，每天频繁地刷抖音和快手，在短视频带来的欢

乐中度过两三个小时，丝毫感受不到时间的流逝，却在不知不觉间失去了欣赏长片的耐心和心性，他们的注意力很快就会分散，很难在一个事情上变得专注。

我只能开始给孩子们讲解宇宙飞船、介绍光速，孩子们也非常感兴趣。我和几个孩子相约，明天给他们讲讲光年和宇宙的相关知识。鉴于孩子们已经没有耐心看《流浪地球》了，我只能顺势结合我的一些经历，通过一些有意思的图片和视频，吸引住孩子们。看着孩子们好奇和崇拜的眼神，我知道，这个方法开始奏效了。但这个吸引力，也仅仅只持续了十分钟，孩子们最初觉得很新奇，就像看到快手、抖音上某个很奇异的短视频一般，只是突然地眼睛一亮，笑笑便过了，而不会打开故事的匣子，持续追问下去。

最后，在几个小男孩的强烈要求下，我带他们看了第 670 集《火影忍者》，并与他们约定，第二天上午 10 点在图书馆不见不散，一定要看一个小时的书。我让他们几个在一张 A4 的白纸上认真地写下自己的名字，也是希望他们知道承诺的意义，感受人与人之间的契约精神。

村民家家借本书

这已经是我来古伦村的第四天，也是第三个清晨了。闻着图书馆松香木质地板淡淡的幽香，我望向窗外淅淅沥沥的小雨，这个村子如此平静。每天清晨6点多，我都在鸟儿唧唧的叫声中醒来，又伴随着村里公鸡"咕咕咕……"几声长鸣，爬起床来。

1. 如期赴约，峰回路转

此时的窗外，在河边遍布白色石头的草地上，几只小鸡正在冒雨往上游互相追赶着，步伐急促，小嘴不住地往草丛的泥土里频繁啄着，寻找着这个初冬最后几只肥硕的蚯蚓。

今天是立冬，北京已经开始下雪了。我没有任何心情在朋友圈欣赏北京的初雪，反而对今天要与孩子和家长们的互动有点担忧和忐忑。我不由得望向窗外，今天会遇到什么情况呢？

正当我在沉思时，孩子们已经在楼下喊我了。我到楼梯口一看，8个小男孩已经在楼梯口等我，他们非常准时。我把孩子们带上楼，履行昨天的约定，带他们看赤道、认识世界、计算光年。

我也让他们每个人都找出通道县古伦村在地球仪上大概的位置，希望他们体会到，自己所站立的土地在这个浩瀚星球中究竟位于何方。几张照片和一段小视频发到群里之后，引来家长的一片好评，这几个小男孩也引来了越来越多的人。参加讨论和计算的孩子，马上就达到了11个，这远远超过了我的预期。

由于他们处于不同的年级，我努力根据每个人的知识和认知情况，让他们演算一些关于时间换算的数学题，也让他们试着了解作为宇宙空间距离的度量单位"光年"，并给予适当的奖励。孩子们非常积极地投入，已经完全沉浸在题目的演算之中了。

孩子们从羞怯到不断向我提问，这个转变来得是那么突然，他们排着队向我证明他们的演算是正确的，非常急切地渴望我的认可。为了让孩子们保持好图书馆里的秩序，我不得不从其中几个活跃的孩子里，发展了3个孩子作为小助手，帮助我辅导年龄更小一些的孩子。通过孩子教孩子，我希望在孩子们之间培育起相互之间请教的学习风气。

尽管偶尔有孩子会发出"他很笨的，教不会，也不用教他"的声音，但我及时地制止和纠正了这种说法，通过相应的激励和引导，告诉他们彼此应该互相尊重，然后耐心地带动身边的人学习。每一个演算，我都要求孩子们既要能够算对，也要能够把每一步解释出来，更要能够教会身边还没有学会的小伙伴。

11个孩子中，有一个二年级的小男孩非常腼腆，很显然一年级的数学他没有学好，我只能从加法和乘法的简单计算开始教他。另外一个孩子一看就非常调皮，每算出一步，不管对不对，都急着要让我看，我只能反复要求他进行检查，限制他提问的次数。这个孩子每遇到一点小困难就嚷嚷着要回家，考虑到他很爱运动，爱打篮球，我只能巧妙地通过让他做俯卧撑的方式，来抵消他对计算的畏难情绪。

经过一上午的交流，孩子们变得越来越配合我。尽管其中有几个孩子随身带着手机，但在我的要求下，他们一次都没有拿出来过。

上午图书馆里的人气很旺，孩子们认真学习的照片，在家长群里获得了诸多好评。

"看到我家小宝了，真好！"

"老师太棒了，我家那小子也在！"

……

这一句句朴实的话语，带动了家长群里的氛围。孩子们与我的交流一直持续到了 12 点半。期间，好几个老人过来叫孩子回家吃饭，孩子也舍不得离开。一直到少锋哥在村部大楼二层喊我，"该闭馆回去吃饭啦"，孩子们才依依不舍地离去。

有好几个孩子下午就得离开村子，到镇上和县城去上学了，他们都很遗憾下午不能再见到我，只能略带伤感地和我告别。

2. 打开局面，家家借书

中午的饭桌上，少锋哥对我说："看来今天上午图书馆人不少呀！"我说："只要踏出第一步，后面就是慢慢探索了，总会有办法，总是能够打开突破口。"

下午，再次回到侗见楼二层春芽图书馆的时候，我已经有些疲乏了。但是，2 点过后，陆续前来的孩子越来越多。尽管有几个孩子要留在家里写作业，准备晚上返回学校，但是，受到上午孩子的影响，新来的孩子也越来越多。

3 点钟，3 岁以下的幼儿聚集了 5 个，在画画的女孩子聚集了 6 个，而桌子前面演算算术的孩子有 13 人，其中有 12 个男孩和 1 个女孩，书架前在找书借阅的，还有 3 个男孩和 1 个女孩，这 4 个孩子是一位老奶奶专门从距离村中心比较远的村民小组带过来的。

下午，为了训练孩子们"数形结合"的思维，以及运用数学解决现实问题的能力，我专门出了一些数学类创造性思维的题目，确保从一年级到六年级的孩子都会做，而且都能受到一些启发。尽管下午我已经不再发放奖品进行激励，但是孩子们显然都已经投入进来了，甚至我在孩子们思考和演算的间隙，还能够抽出时间，引导三位家长进行图书馆管理系统的注册，并教他们学习借还书的操作，他们也从图书馆成功借出第一本书。

其中一位母亲一脸担忧地和我说："如果书借回家去，可能会被孩子撕碎！这可咋办？"

我只能再次和她强调："我们需要为孩子创造一个阅读的环境，你与其在孩子身边放一个手机让孩子玩游戏、刷快手，不如在孩子身边放本书更为合适。孩子会撕书，我们需要制止，并告诉他不能这样做，我们可以从借的第一本书开始让孩子学会爱护书籍，这就是一个好的开始。"

就这样，这个周末，一本、两本、三本……侗见楼二层的春芽图书馆，开始一本本把书借出，我不知道会产生什么样的效果，但我知道，这至少是一个难得的好的开始，这个古老侗族村寨里的老人和留守妇女，开始从这个年轻的图书馆里，往家里借书了。

如果说这个意外的转变有些许遗憾的话，也许是来图书馆的几位奶奶带给我的无力感。我问她们带手机了没，可以注册一下图书馆的系统。其中一位奶奶告诉我，她只会用老人机，不会用微信。另外一位奶奶尽管有微信，但是注册微信的手机号不是自己的，而是在外打工子女的，无法收到验证码确认授权。还有一位奶奶，我问她在家长群里收到我发的二维码了没有，老人一脸疑惑地摇摇头。奶奶告诉我，一般在家长群里的都是孩子的父母，但是孩子的父母一般都在外打工，在家带孩子的老人其实大部分都不在家长群里。

没办法，我只能找出一个新的本子，通过线下注册的方式，帮几位奶奶进行登记。

那一刻，我才开始意识到，尽管科学技术如此迅猛发展，但是对在家带孩子的这些老人来说，其实并不能带来多大的影响。如果没有人教他们使用智能手机，关怀他们的需求，解答他们的疑问，他们就永远和我们的信息化技术隔着一堵墙，我们日益健全的信息化管理系统，只能给他们的生活带来诸多的不便。

这时我才恍然大悟，为什么当我把孩子们围坐在我周围学习的照片和视频发到家长群里时，家长们竟然如此激动、如此兴奋。因为远在城市打工的他们，一年到头，也就过年那么一两次能够看到孩子，当远隔千山万水的他们，看到自己年幼的孩子，能坐在窗明几净的图书馆内，围坐在一个清华博士生的身边，认认真真地学习，他们心底里该有多高兴。

由于念书时期校园媒体对我宣传比较多，经常会在路上或者聚会场合发生"别人认识我，而我却不认识别人"的情况，所以我其实不是特别爱在朋友圈和微信群里发一些和自己有关的照片和视频，我甚至在一次访谈中强调，"我希望我能不断地保持对这个世界的兴趣，而不是让别人对我产生兴趣。"然而，今天几位不在家长群里的老奶奶的一席话，和群里年轻家长们热烈的反应，让我突然感觉到，我把这随意拍摄的几个视频发到群里的举动，恰恰慰藉了这些漂泊异乡的父母思念孩子的心灵。

4点多了，孩子们得回家收拾东西，准备去上学了。此时，这个小山包的温度已经降至8度，有些湿冷。但是留在图书馆收拾卫生的我，心里却暖暖的，有种久违的幸福和满足感。

风浪里学游泳，饥饿里学觅食。我终究还是打开了通往这个村庄的入口。我不知道我能给留在这里的老人和孩子们带来什么，但至少2021年11月7日立冬的这天，侗见楼里，欢声笑语，孩子们沉浸在求知的乐趣里。

3. 体谅父母，报名参军

晚上，我还在侗见楼里工作，阿叔过来叫我回去吃饭，我冒着小雨回到屋里，桌上是热腾腾的饭菜：新鲜的蘑菇炖猪肉冒着热气，黄瓜炒腊肉在灯火的映照下，红绿相间，显得色彩鲜亮；饭桌下面，是阿叔早已准备好的一盆炭火。

在这个立冬的寒冷雨夜，位于湘西侗族村寨的楼里，我烤着温暖的炭火，吃着热腾腾的晚饭，与两位老人畅聊起家事。

阿姨再次聊到，她当初分娩没几个月，就背着大哥下地干活，只是等到孩子哭了，才放下来喂一下奶，然后继续干活。阿叔则讲起当初他扛着压力和债务，坚持供大哥和少锋哥读书。尽管村里人都觉得，与其花钱供孩子读书，不如把钱投在做生意上，但是阿叔还是坚持借钱供两个孩子上学。就这样，大哥成为村里的第一个大学生，而大哥也感恩父母的这份苦心，读到大二的时候，毅然选择报名参军，通过参军减免学费的方式来减轻家里负担。大哥是如此有担当和责任感的一个人，以至于工作之后，领导和同事都对他非常满意。如今，大哥工作安稳，多次邀请阿叔和阿姨到外地旅游，但是两位老人总是以田地里农活繁忙为由婉拒了。

阿叔说，他一直有两个愿望，一个是想去草原看看，他作为在大山里成长和忙活的人，向往了一辈子的草原，却从来没有去过；另外一个愿望，就是趁着身体还好的时候，能够去爬一次长城。

阿叔再次给我斟满一杯自己酿制的米酒，我们俩碰响酒杯，品尝着清醇的米酒。甘甜温润的米酒，为这个夜晚难得的围炉夜话增添了一丝暖意。

我成了村主任助理

　　立冬后的第一天，古伦村终于放晴。清晨，尽管气温降至 5 度，但鸟儿依然叫得十分欢快。太阳挣扎着从山顶爬出，投出几束光来，把鼓楼和图书馆的山墙融化成金色的雾气，河边的两棵香樟树亭亭站立，叶子上还满是昨夜细雨后残留的水滴，阳光洒在上面，在微风的吹拂下，树木间光点闪烁，熠熠生辉。

　　河流里，倒映着散开的白云和破碎的蓝天。一只鸭子从河边的洗衣台上跳下，用力地抖动着尾巴，水面上泛起层层涟漪，但却丝毫没有打乱河里蓝天白云的倒影。鸭子仰起头，沐浴着冬日久雨初晴后的阳光。

　　上午，侗见楼外，不时传来各种叫卖声。很多流动的小商贩，用三轮摩托车，拉着蔬菜水果和肉蛋之类的食品，到附近村子的广场上叫卖。村部大楼里，少锋哥和灯哥正带着两委班子成员，在紧锣密鼓地准备着明天的迎检。

　　中午，天有点冷，我和衣而睡。木楼下，阿叔用模具把刚刚从地里收来的罗汉果，按照个头大小分成不同的等级。一个个碧绿的罗汉果从圆环里穿过，去往不同的箩筐。矮矮的院墙外，阿姨在拾掇着棉花，并用扫帚轻轻把墙外小径上的棉花壳扫到一起，点着一根小小的火柴，把它们化作新的肥料。

　　下午，村部广场安静祥和，只有东南侧的鼓楼下坐了几个聊天的老人，一直到了四五点钟，才有几个孩子在运动器材上打闹。6 点钟太阳落山的时候，王书记给我打电话，让我去吃饭，原来是王书记周末回城里，带来了一些肉，准备邀请大家吃火锅，给大家开个荤，打打牙祭。

　　这一顿晚餐，既是在慰问大家一天的辛苦，也是在为晚上的工作部署会酝酿氛围，更是接下来几个月工作的动员。桌下面是一盆烧得红红的炭火，桌上是热气腾腾的肉菜，再加上湘西人家用红红的辣椒调制的蘸水，我就这样与村两委的 9 个人，在这冬日的小厨房里，一团暖气地推杯换盏，聊着村里的大事小情。

席间，一位 60 多岁的老村民，我们叫他粟爷，把年仅 3 岁的小孙女也带到了饭桌上。家里没人带孩子，老人只能把小孙女也带上。吃饭前，粟爷先通过老人机给孩子的父母打了个电话，然后就开始喝酒。粟爷是个非常热情的人，用王书记的话来说，就是"热情得有点走火入魔"。席间，粟爷给在座的一共发了 5 轮烟，挨个敬了 6 轮酒。而小孙女就只是坐在一旁，低头吃饭，也不说一句话。只待大家中间休息的几分钟，妇女主任杨大姐拿出自己的智能手机，用微信拨通小女孩父母的视频电话，让小女孩与父母视频聊了几句。

聚餐结束时，粟爷已经喝得有点半醉，大家把厨房里的两盒牛奶递给粟爷，让他带回去给小孙女作早餐。没想到，热情的粟爷说什么也不要，也不让小孙女带走。妇女主任无奈，只能在粟爷拉着小孙女往门外走的时候，把两盒牛奶放到了小女孩棉衣的帽子里，我看着放得有些不稳，赶紧帮忙调整了一下。看着老人拉着小孙女，摇摇晃晃地顺着村部广场的路灯离去时，我心里五味杂陈。

饭桌上，灯火明媚，少锋哥再次聊起自己对村庄发展的计划。他是一个有想法也有干劲的年轻人，思路清晰，为人正派。早年间在北京上学，毕业后在物流行业工作了一段时间，后来回到村里，发展各种水果种植，想方设法开拓市场，逐渐成为村里公共事业的新生力量。对于发展产业、营销推广、打造村庄形象，少锋哥都有自己清晰的想法。他现在琢磨着借这次村里农场的建设，把产业做起来，然后借助网络等新媒体的宣传，让村子更有名气，也能够吸引到县里领导的注意，为村子争取到更多的发展资源。他现在唯一愁苦的是，找不到一个人能够在村子里安心扎根一段时间，拍摄、剪辑并推广村里的美景和文化——满足这些技能的人，村里也支付不起这个工资。但是，少锋哥相信，假以时日，一定能够招到这么一个人。村里有大量可宣传推广的素材和资源，少锋哥觉得这些都是值得挖掘的矿藏。

作为村党支部书记的少锋哥，一直在和我强调"所有的宣传最终要能转化为生产力，才具有意义"。要能帮助村里吸引领导注意、获得项目，也要帮助村里推广产品、带来订单，更要帮村里打造形象、吸引来游客。

晚餐结束后，大家便来到村部楼二层的办公室里开会。少锋哥突然灵机一动，趁着欢乐的氛围，把我"任命"为了村主任助理，我这样也能列席会议。一轮热茶的寒暄之后，便是唇枪舌剑般的讨论，会议从晚上8点半一直开到了11点半，每一次争得有点火药味的时候，我都赶紧拿着电热壶给大家倒茶水。

这时我才明白，会议前为什么要先一起吃顿饭营造一下气氛。农村基层面临着各种工作任务，大家平时遇到了不少困难和矛盾，要想让会议开得既能够使大家畅所欲言，又不伤大家的和气，会议前一起吃顿饭，是一个必不可少的润滑剂。

少锋哥通报了今年年底的工作重点，他反复强调，今年县里财政紧张，而通道县又缺乏产业来增加收入，因此，村里的建设只能依靠省、市政府的项目支持，只有获得项目，才能争取到资金开展建设。

由于县委班子换届调整，原本了解村子情况并支持村子项目的县委领导调整了工作岗位，原计划2021年实施的一些项目，大部分都被砍掉了。村里好几个村民小组的道路硬化、饮水工程都没有能够如期施工。

面对当前的困境，怎么打开局面？如何能够获得上级领导的一些支持？大家为此不断绞尽脑汁，努力想办法。聊来聊去，认为唯一的路径就是要全面完成好年底的各项检查，确保不出一丝一毫的问题，以此获得上级领导的重视和关注。

晚上11点半散会时，几位村干部都心事重重。但是，明天上级还要来检查工作，他们只得赶紧回家休息，因为明天一早，又将是一场硬仗。

双减后，山村渐闻书香气

11月13日，周六，太阳初升，照得楼前的树满身绚烂。几位老奶奶在风雨桥下的平堤上刷洗，岸边不时传来阵阵捣衣声，随着衣物下水漂洗，河面的影子就碎了，跳动起来，像千万条银鳞闪闪的鱼。

1. 村里的篮球小健将们

我把头一天团县委捐赠的钢笔和字帖发给孩子们，希望带着他们一起练练字。没想到孩子们对组装钢笔很兴奋，但是对写字却丝毫提不起兴趣。当男孩子们看到新的篮球时，双眼放光，立即就向我借篮球去打。我看着他们在操场上打篮球的身姿非常矫健，好几个三四年级的小孩竟然能够投出精准的三分球，这让我大为惊讶。几年前，县里的惠民工程在村里的广场上竖了两个篮球架，村里也为此买过几个篮球。因此，打篮球成为这里小孩们少有的运动，村里的小孩从一二年级就开始跟着大孩子们打篮球。因此，孩子们的篮球打得好，无论是带球还是投球，都动作娴熟。

下午，有3个五六年级的女生来到图书馆，看起来有点羞怯。看书不到十分钟，她们就掏出各自的手机，刷起了快手。我和她们聊天才知道，她们平时都住在学校里，尽管才是小学，晚上也得上一个小时的晚自习，周末才能回到家里待两天。所以，这短短的两天，她们都恨不得抱着手机看个痛快，怎么还愿意来图书馆找本书看呢？她们就像一群被关在笼子里的鸟儿，趁着这短暂的放飞，便一头扎进网络空间里，寻求片刻的欢愉。

想了想，我递给几个女孩子一个篮球，希望她们也尝试一下，学着村里的男孩子打打篮球，这或许是一种比看手机更好的放松方式，几个女孩子答应了，也抱起篮球，呼朋引伴，在广场上玩了起来。

运动过后，孩子们终于能够静下来看书，男孩子都在看漫画，女孩子则找到几本素描和剪纸书籍，开始画画和剪纸。运动后安静地坐在图书馆的他们，由内而外地流露出自信和从容。

2. 孩子们攀比起借书了

看着孩子们安静下来了，我便建议他们把自己喜欢的书都带回家。一开始是一个四年级的孩子愿意借书，到后来其他孩子也纷纷争先恐后想借书。那一刻，不管他们是不是真的喜欢看，他们都觉得，朋友们都借书，我也应该借一本。

由于给孩子借书，需要家长注册小程序进行配合，我把请家长帮忙注册的信息发到群里，更是带动了家长们注册的热情。十多个家庭开始帮孩子从图书馆借出家里的第一本书。这些在外打工的父母，当听到自家孩子愿意借书看，都非常兴奋，争相注册，并给家里的老人打电话，让他们带上孩子来图书馆借几本书。

中国人，不管爱不爱念书，文化水平如何，骨子里都知道让孩子看书是非常重要的。重视孩子的教育，刻进了中国人文化的基因里。希望孩子能好好读书，通过读书改变命运，过上好日子，是绝大部分村民内心真正的渴望。当我在家长群里感谢家长们非常及时和迅速的配合时，一位二年级小女孩的父亲这样写道：

"别这么说，这有什么辛苦的，反而要麻烦你为我们这些没能陪伴在孩子身边的父母劳心劳力，辛苦了。"

那一刻，我才觉得，我做的事情是以另外一种方式，把孩子和家长们联系了起来。当在异乡辛苦打工的父母们看到自己的孩子在和一个清华的博士生待在一起认真看书，而且还愿意把书借回家时，他们心底里是高兴的。

3. 耕读传家的村小老师

晚上，我到村里小学李老师家中吃饭。李老师今年40多，看上去非常和蔼与面善，和人聊天时，总是面带暖人的微笑，如三月的春风一般。

李老师已经在村里教了快 20 年书了。初中毕业后，她作为家里排行老四的女孩子，由于家里经济负担太重，就把读书的机会留给了哥哥。尽管后来又有机会读了一学期的高中，但是在那个年代的农村，最终还是在家里巨大的压力下不得不选择了辍学。辍学后的李老师便一心想着外出打工，但是村里总共就只有这么几个识文断字的人，总得找个人来教一下村里这些一二年级的小孩子，村里便找到了她来做代课老师。教了几年书之后，李老师又到外省去打了几年工。后来考虑到家里照顾孩子的需要，最终还是选择回到村里继续教小学。

李老师的丈夫在 2000 年前后曾担任过村里的党支部书记，也是当时全镇最年轻的村党支部书记。但是，在国家取消农业税之前的"税费时代"，农村生活真的很苦，农村工作也非常难做，"要钱、要粮、要命"，老支书用这"三要"来形容当时的农村工作。后来，随着外出打工浪潮的兴起，老支书也辞职外出闯荡去了。

李老师的家中，有着耕读传家的家风。大女儿今年师范刚刚毕业，已经在镇里的中心小学教二年级语文，并担任班主任。当我听到她女儿是 00后时，大为惊讶。没想到，00 后都已经开始走进教室，拿起粉笔教书育人了。或许是受到母亲的影响，女儿也自带一种感染人的力量，而且在教学上很有方法，获得了县里好几个教学比赛的大奖。家里的小儿子则在县里上中学，不仅成绩优异，而且写得一手好书法。

据李老师说，她小儿子在刚刚上学时，看到家里饭厅的墙壁上贴了好几张姐姐的奖状，心里很不服气，心想自己也要拿奖状，便找了一张白纸，自己给自己画了一张奖状。这张自己发给自己的奖状，也成为孩子求学生涯的第一张奖状，也恰恰是在这特殊的"第一张奖状"的激励下，小儿子学习越来越努力，拿回家的奖状也越来越多。

一个乡村的农家，一旦孩子有了好学的风气，就连在屋檐下飘出的炊烟里，都能闻到一丝书香气。

4."双减"政策在农村

周日的清晨，阳光明媚，孩子们早早地便来到图书馆，几个小男孩又想打篮球。我告诉他们，如果他们安安静静看够两个小时书，再每人默写两首古诗练字，我就把篮球借给他们打，他们一口答应，但是一定要求我和他们一起打篮球。

"老师，你和我们一起打嘛！"

"老师，你和我们一起打，好不好？"

……

在孩子们的央求下，我答应了下来。孩子们也非常守信，每人找了本书，安安静静坐到了图书馆的窗前，认真看起来。尽管中途有孩子打闹，但是，我告诉孩子们，如果他们中有任何一人打闹发出声来，那么看书的时间便要延长十分钟，打篮球的时间也就相应减少了。

几个男孩子立马安静了下来，就这样坐成一排，在窗边看起书来。同时，也带动了几个小女孩，一起安静坐下来看书。

窗外，远山安静，小河潺潺流淌，香樟树的树叶在冬日暖阳的照耀下散发出黄绿色的光芒，孩子们就这样静静地看着书，时光清简，内心安然。

到了中午的时候，孩子们非常高兴地坐在一起，争相向我要着白纸，默写下自己背诵的古诗。好几个二三年级的孩子，写不出对应的字词，但是诗句却背诵得滚瓜烂熟。中国人对古典诗词的记忆，也许在孩子们小小的年龄里，便注入了思想的深处。

望着这些孩子认真读书的身影，看到他们通过阅读接触到全人类共同的精神食粮，我打心底里觉得，给乡村捐钱、捐物当然是很重要的，但是提升乡村的教育，效果可能更为长远。尤其是在当前，国家在持续地推进"双减"政策，对于古伦村里这些农村孩子来说，本来就不像城市里的孩子有数不清的辅导班，课外辅导一直都是他们缺乏的，根本无从减起。同时又因为学校里课业负担的减轻，孩子们空出了大量的课外时间。如何把这部分时间利用好，让农村孩子在新奇、有趣的探索性活动中点燃自己的学习热情，培养起阅读习惯和自主学习能力，不断丰富知识储备，从而让他们在后续的学习阶段，有充足强劲的动力去持续学习，实现自我提高，借此改变自己的命运。

在我看来，对于这些乡村儿童，他们日常所栖居的空间——学校、家庭和村落，应该扮演起各自的角色：学校应该扮演好"教育"的角色，家庭应该扮演好"养育"的角色，而村落应该承担起"沐育"的社会职责。然而，目前的情况却是，学校"重教而轻育"，主要就是在努力把知识灌输给孩子；家庭则"重养而轻育"，尤其是对于这些农村的留守儿童，爷爷奶奶能够养好孩子就已经算是不错了。市面上种类繁多的育儿书籍、视频，都在教父母们怎么教育、怎么陪伴孩子，却很少教爷爷奶奶们怎么来带孩子。哪怕是教远在他乡的父母，怎么学会通过线上远程的方式来和孩子交流的内容，都很少看到。我们的教育模式，往往容易忽略这些"沉默的大多数"。

尽管孩子们在生活上是"穷养"的，但是我希望他们能够在精神上、在文化生活上得到"富养"。我希望能够通过这个图书馆的建设，发挥好村落"沐育"的功能；通过对阅读习惯和学习氛围的打造，让孩子们能够努力向学。我一直坚信，培养一个水手最好的方法，不是教他如何划桨，而是要让他渴望大海。我努力带孩子们见识更大的世界，从人工智能到宇宙银河，从外面的大千世界到日常的咖啡茶叶，不仅让他们像海绵吸水一样去学习知识，还要让这些古伦村的留守儿童开阔眼界，接触到更多优质的教育资源，培养富足的精神，让每个孩子都能拥有阳光的起点，让这些乡村孩子有梦、有光、有远方。

往大处讲，2035年，中国的乡村振兴要取得决定性的进展。那么现在乡村里这些10岁上下的孩子，那时差不多处于20—30岁的青春年华，正是展现青年力量、贡献青年智慧的阶段，他们今天受到良好的教育，就是我们未来实现乡村振兴最坚实的底气。

第二章

山乡巨变，产业方兴

驻村干部的愁与盼

冬日的午饭后，阳光明媚而温暖，我和少锋哥来到河边的风雨桥上，由于冬天水流较小，桥下的河水清澈透底，一眼就能看到河底的淤泥与水草。我听着少锋哥对于村里发展产业的想法，大致包括笋干、黑老虎、田间游园等方面。他指着山后茂密的竹林和眼前的一片农田，讲述着自己的想法。

少锋哥非常羡慕旁边的几个县，有的县把魔芋作为全县重点发展的产业，有的把杨梅作为重点种植和推广的水果，通道县没有这样的政策环境，少锋哥就只能自己想办法去打造一个产业。古伦竹子极多，山间坡地上到处都是。一到冬天，就很少有人再种植作物，田地大都被抛荒了。如何让抛荒的田地重新焕发生机，如何把山间恣意生长的青笋、黑老虎变成带动村民增收的资源，成为少锋哥日夜思索的重点。

聊了一会儿，少锋哥就到镇里开会去了。在我过来的这一周时间里，少锋哥这已经是第三次去镇里开会了，乡镇对基层村干部的管理越来越严格，会议也越来越多。为了能够进一步加强联系，开阔思路，全镇13个村子的村支书，每周还会轮流到一位村支书家里吃饭、交流。

下午，村里的广场上，一对年迈的老人正在晾晒刚刚采摘下来的棉花和茶油果。阳光洒在他们白色的头巾上，为两位农民露出的花白头发镀上了一层金色。

晚上，灯哥打电话给我，邀请我到家里吃晚饭。由于少锋哥在镇里开会，又留在了那里谈工作，只能由我和驻村的杨队长一起前往。杨队长是县里住建部门的干部，今年50多岁了，但还是让我叫他"杨哥"。他到古伦村驻村已经四个多月了，为人热情，经常到村民家里走访，非常受村民的欢迎。

　　让我没有想到的是，这已经是他被下派驻扎的第二个村庄了。前两年杨队长被派到了旁边乡镇的一个村庄，在那里开展了两年的驻村扶贫工作，每天都吃住在村里，只有等到周末才能回家与妻子和孩子见面。

　　两年的驻村工作结束后，回到单位没几个月，领导又找到杨队长谈话，希望他能再次驻村两年。

　　"为什么还是你来驻村呢？领导不能换一下单位里的其他干部吗？"我好奇地问道。

　　杨队长扶了扶眼镜，说："没办法，找来找去，就只有我了。单位里很多女干部，下到村里来总归是不方便。还有很多是家里有小孩的，得接送小孩，只有我是刚刚把小孩送去读大学的。"

　　"那你从精准扶贫到乡村振兴，差不多都驻扎在村里工作了！"我心底升起一股敬佩之感。

　　"基层县级部门编制非常紧张，你们过来驻村了，单位工作怎么办？"我一直都非常关注基层部门的人手问题，由此又问道：

　　"我们吃住都在村子里，和原单位的工作彻底脱钩了，那边的工作就只能先交给其他人，让他们多兼一些了。咱们古伦村是典型村，得派两个驻村干部，像县里的三个重点村，每个村庄得派三个驻村干部呢！其他普通的村子一般就是一个驻村干部。"

　　派干部驻村是一个大的系统工程，对于驻村的干部来说，他们得放下家里的父母、妻子、儿女，全身心扑在村里的事务上。

　　我和杨队长沿着坑坑洼洼的村道，向北边的山脚走去，离开村部不到800米，便已经没有了路灯，只能摸黑前进。

　　如今，乡村振兴的大幕揭开，村子里，白天和夜晚的人差别并不是很大，因为村里距离县城有一个多小时车程，所以，很少有人回到村里。尽管有了驻村的干部，但是资金和项目仍然缺乏，这已成为村干部们每天头疼的事情。

　　走了大概十五分钟，我和杨队长总算来到了灯哥家里，两个小孩正在看电视。孩子都还在小学读书，哥哥三年级，妹妹二年级。由于村里的小学只有一到三年级，所以，明年哥哥就得到镇上的小学去了，并且得在那里住校，一周才能回家一次。哥哥所在的三年级这个班，也是学校里最大的一个班，有 50 多位同学，而妹妹所在的二年级，班里则只有 30 多位同学。两个孩子的学习成绩都非常好，在班里都是第二名。

开饭了，桌下依然是烧得红红的炭火，暖意阵阵袭来。桌上，是灯哥专门做的一锅炖猪头。肉在热汤的加热下，升起一缕缕热气。灯哥父亲倒上了自家酿制的米酒。这米酒与我前几次喝的都不同，非常清澈，在灯火映照下泛起一丝青黄，轻轻尝一口，有着淡淡的稻谷清香。我直夸老伯酒酿得好，老伯对我说："我们这里每家都自己酿酒，每家酿的味道都不一样。"我心想，全村 300 多户，300 多种口味的米酒，这个小小的村庄竟然孕育了这么多人间佳酿，这与工业化造就的标准产品完全不一样，每一家的酒里，都饱含着一年的汗水与收成，传递着对远方客人真挚的热情。

我们都往红红的火盆附近凑了凑，凛冬之至，靠近这温暖之物，感觉一切都镀上了一层暖色。鲜肉肥美、米酒清香、乡愁如缕，这就是普通农家的人间风味。

厕所在排队，棺材开着会

这是忙碌的一周，村部楼灯火不熄，村干部们夜里在赶材料，白天在迎接检查，村部楼的食堂也为此天天冒起了炊烟。

有时，就连安坐侗见楼内的我，也能够遇到下来检查的干部突然走进楼内，与我交流。这些一线干部，带给了我无尽的知识馈赠。

周五下午，孩子们都陆续从学校返回家里，有孩子来到图书馆和我借篮球和足球，在广场上恣意地奔跑、跳跃，也有两个淘气的男孩子和我借《三国演义》，并且告诉我，这是他们课程要求阅读的书目。

我正在指导这群刚刚从学校放学回来的孩子通过读书、画画来放松心情时，政协的刘主席和住建局的李局长来到了图书馆。下午，我陪着他们走村串户。驻足桥头时，黑色的鸭子在清澈的河水里游着，刘主席掏出手机，对着眼前的田野迅速地拍下几张照片，并指着每一条乡间小道，说起背后的故事。

刘主席望着不远处的老桥梁说道："我二十年前刚参加工作时，在这村里驻扎过半年！"我们都露出了惊讶的表情。

这是一位在基层乡镇历练过十多年的干部，见证了农村二十多年的变革。

当我问起他二十年前的古伦村和今天有些什么变化时，刘主席嘴角略带一丝微笑地说出了这样一句话："厕所在排队，棺材开着会！"

这更加激起了我的好奇心。

刘主席不疾不徐地解释起来，"二十多年前，大家都不愿意把厕所修在自家院子里，即便是外出打工经商赚了点钱的人，在村里起了新楼房，也都不愿意把厕所建在自家院里，都要把厕所建在院子外面，或者更愿意到村里的公共厕所去，所以我们讲'厕所在排队'。当时一进村子呀，那真是臭气熏天。说'棺材开着会'呢，是因为那个时候，谈论事情没地方去，大家开会都挤在鼓楼里，当时好多人家的棺材板没地方放，都堆在鼓楼里，所以我们开会的时候呢，就坐在棺材旁边，才有了'棺材开着会'这个说法。"

刘主席深深感慨，厕所革命和房屋建设深深改变了古伦村，尽管这里由于交通闭塞，经济文化上还是比较落后，但是如今也已经在飞速发展了。刘主席说，这里的人也更加开放了。他回忆起自己二十多年前刚刚到古伦村时，由于不会说侗话，当地人都不搭理他，连村子也进不了，所以他为此下定决心学侗话，由此才打开了工作局面。

"要在二十年前来到村子里，你一句侗话都不会说，我告诉你，村里的老人和小孩都不会理你的，更别提你组织他们开展活动了。"刘主席这样笑着对我说。

忽然，刘主席又略带忧伤地说："虽然说是开放了，孩子们普通话说得更好了，但是咱们侗族的文化怎么来传承也是个值得考虑的问题呀！年轻一辈现在会说侗话的越来越少了！"

现代化进程中怎么保存有地方特色的民族文化，一直都是一个需要探索的问题。村小的李老师就曾略带悲伤地和我谈起，十多年前，她在教90后、00后一批学生时，孩子们在学校里都在讲侗话，她为了让孩子们以后离开家乡外出后能够说一口流利的普通话，帮助孩子们获得更好的机会和发展，千方百计创造条件教孩子们讲普通话。但是，这几年却完全倒过来了，孩子们因为看电视、看手机、使用早教玩具，每天在学习和模仿的都是普通话，会说侗话的孩子反倒是越来越少。李老师为了让孩子们不忘本，又得重新在学校里，抽出时间来教孩子们讲侗话、唱侗歌。

"还有什么你感触比较深的变化呢？"我仍在刨根问底地追问。

"另外一个变化比较大的，就是脱贫攻坚这几年下来，基层的干群关系改善太多了，人民群众对党员干部的评价改善了很多。早些年的时候，有一些干部下乡，明目张胆地把麻将桌一摆，然后把大鱼大肉一吃，把酒一喝，把事情交代一下就走了，留给村民的印象很不好。很多老百姓背后都在骂上级的党员干部。脱贫攻坚开展以来，由于党员领导干部隔三岔五都要到困难群众家里去走访，帮助解决困难，特别是在中央八项规定精神的严格管理下，现在老百姓对干部的评价改善太多了。"

这些在基层工作几十年的干部，每天都在用他们的经验，给我上着生动的故事课，描绘着这几十年来中国农村的剧烈变迁。

种植大户的深山"直播梦"

周日的下午，我委托一位年轻的家长帮忙管理图书馆，一方面是希望调动家长们参与图书馆建设的主体性，同时也因为要与少锋哥一起去拜访一位种植水果的返乡致富带头人。

少锋哥骑着小小的踏板摩托，载上我，我们俩穿过一个个湘西的侗族村寨，然后再爬上高高的山坡。一路上，茶油树的白花开满山坡，苍翠的山林像被涂抹上了粉底。田地里，不时能够看到几片种植着罗汉果的菜地，碧绿的果子紧紧密密地坠在藤蔓上。

这里，还有许多村寨是分布在高山上的，侗族居民的房子沿着斜坡分布。我们骑着小摩托，爬上一层又一层山峦。中途摩托熄了几次火，我们俩只能下来，推着摩托爬上高高的陡坡。一路上不时还能遇到从地里回家的熟人，少锋哥又得停下来，发根烟，聊两句。

山间的路上，三三两两结伴而行的学生，正在赶往镇里的学校。

"他们已经走了快一半的路程了。"少锋哥一边骑摩托，一边回过头来告诉我。

孩子们穿着颜色鲜亮的校服、背着颜色各异的书包，行走在这山间的道路上，远远看去，就像是深山树林中游动的精灵。

一个小时之后，我们俩穿过一条泥石相间的小道，总算看到了树林里的一间小屋。我们来到小屋前，一位年轻的女子正在分拣黑老虎，她告诉少锋哥，龙哥在车里睡觉呢！

听到声音的龙哥打开车门，揉了揉惺忪的睡眼，走下车来欢迎我们。龙哥是1990年生人，身材瘦小，深蓝色牛仔裤上面随身穿一件黑色的运动羽绒服。我们走到小屋前，面前是一整片斜坡的黑老虎果树。

这面斜坡，从山间小屋墙角一直延伸到谷底，全部都种满了黑老虎。果树分布整齐规律，每株果树都有架子。作为藤蔓植物的黑老虎，开出的花朵是红白相间的，就像幼儿粉嫩的脸颊。

龙哥带我们走进果园，弯着身子，在果林间的斜坡小道上行走，随手摘下一个熟得发紫的水果拿给我们。我们取下果肉，放入嘴中吮吸，口感多汁且香甜。

这片斜坡上，龙哥一共种植了4000株黑老虎。2014年开始种植，2017年陆续挂果，到今年已经是第7个年头了。他和妻子打理果园极为认真，搭建起整齐的支架，果林间修着行走的小道，架设起黑色的塑料水管，都从山顶小屋一条条顺着山道下来。

龙哥告诉我，黑老虎原来是长在深山老林里藤蔓上的水果，要想驯化这种植物，并不是个容易的事情。黑老虎的花朵是雌花和雄花同株，在花朵的授粉时期，要关注授粉情况，如果天气干旱，还得及时浇水。由于藤蔓上挂果极为密集，一些一开始就因为授粉不均匀导致果子形状不好的幼果，在很小的时候，就得细细甄别，将其剪掉。

"因为现在买水果，人家都是先看形状、看颜值嘛！所以，一旦果子形状不好看，就卖不出去了！"龙哥笑着调侃道。

采摘完果子之后，还需要及时修剪枝丫，以让其来年再长出新的藤蔓。夫妻俩就像呵护自己的孩子一样，照顾着这片果树。

黑老虎在网上能够卖到30元到60元一斤，价格不定，全看消费者的好奇程度和眼缘。所以，龙哥主要通过电商拼多多进行销售，因为拼多多可以通过一人带动一群人来购买。刚才龙哥之所以从车里睡眼惺忪地爬出来，是因为他为了及时给网上的订单发货，已经连续一个月没有睡个好觉了。一年也就9月到11月这么短短两三个月收获果子，顾客在网上买了生鲜，都迫不及待地等着收货，恨不得头一天晚上下单，第二天早上就收到。所以，龙哥得连夜发货，一旦发货迟了，就会影响到顾客对水果的评价。

"买这些水果的，大部分是哪里人呢？"我好奇地问道。

"大部分是北方人。他们从来没有见过这种水果，所以很好奇，都想买几个尝尝是什么味道。从收货人的名字来看，似乎女孩子买的比较多。"龙哥腼腆一笑。

"我看网上价格还可以，你还打算继续扩大种植面积吗？"我好奇地问。

"不扩大了，就种这么几千株就好了，两个人打理恰好，再多了就打理不过来了。"

能把这种野生植物驯化得如同茶林一般，龙哥花了不少心思。

从果林里钻出来后，看着这一片整齐漂亮、绿得如同一片玉带的果园，我感叹地说："你如果开个抖音直播得多受欢迎！"

"山上没网呀，我不是没有考虑过无线网卡或者从家里拉一条网线的事情，但是同时还得拉电线过来，路也得修一下，成本不是我一个人就能负担的。"此刻，看着手机里网络信号为零格的标识，我也只能无奈。

"其实，能走电商当然最好啦，毕竟价格比我们在本地收到了批发价要高很多，即便很多人只是因为没见过好奇，想买几个尝尝鲜，中国那么大的市场，我们也足够忙活了，问题还是农业靠天吃饭，受到气候影响太大了，今年就因为下半年雨水多，果子没有那么甜，我们网店收到了一些抱怨的评论。"龙哥平淡地说着。

乡村振兴，如果要发展产业，也许电路、道路、网络真的需要突破仅仅满足村民生活需求这个层次，拓展到这些农业种植园区里来。产业的基础设施很难靠几个单独的农户来进行建设，也只有政府站在产业发展的角度来建设农村基础设施，农业才能享受到信息化的红利。

晚饭间，龙哥的妻子和我说："我们原本也都是在外面打工，但是家里的两个孩子总得有人照顾，让老人带孩子是真的不行，老人只能把孩子喂饱，让孩子饿不着，所以，我们也只能待在家里，发展一点种植产业，一年找不那么忙的两个月，再出去打份工。"

也正因为如此，这对和我年龄相仿的90后夫妻俩，每天早晚都能开车接送孩子去上镇里的小学和幼儿园。

龙哥的两个孩子身材样貌都很像，但是性格却完全不一样，哥哥活泼开朗，弟弟话少且十分固执。哥哥初次见到我，便拿出了厚厚的一摞奥特曼卡片，大概有五六十张，一张一张铺开来，放在地面，逐个展示给我看。我好奇地询问每张卡片上是什么奥特曼，他看一眼就能回答出来。

这让我很惊讶，我专门考了考哥哥。连续问了二三十张，他都能准确无误地答出来。卡片上的字，他大都不认识，但却能记住每一个奥特曼的名称。

"奥特曼比谁都记得清楚，但是在学校里，背书却一句都背不上来！"孩子妈妈无奈地笑着摇摇头。

孩子能如此清晰地记住他感兴趣的奥特曼名称和每一种变换形态，而且愿意攒零花钱去购买奥特曼的卡片，说明孩子足够聪明，对自己感兴趣的事情愿意花时间、花心思，孩子缺的只是把这股心思运用到学习上。

而弟弟则向我展示了孩子对手机的入迷和依赖程度。吃饭时，弟弟看到哥哥碗里的肉比自己的多，立马不开心，嚎啕大哭，爸妈怎么说都不好使。就在这时，爷爷走过来，掏出手机给弟弟，就在0.5秒的时间内，弟弟立马停止了哭泣，打开手机刷起视频来。两只眼睛盯着手机屏幕，没有一丝分神，可谓真正的"目不窥碗"。龙哥和妻子为了让孩子能够赶紧吃饭，特地给弟弟抬了个凳子，把手机放在凳子上，然后横着靠在一包棕色的餐巾纸上。原本想着孩子能够边看手机边吃饭，可万万没想到，孩子身板挺直，双手放在膝盖上，正襟危坐，沉迷地看着手机里的视频。哥哥本想凑过来换个视频一起看，弟弟立即以哭声将其吓走。就这样，弟弟眼睛不眨一下，整整看了十多分钟才吃第一口饭。那样子，专注极了。

晚饭过后，孩子斜躺在沙发上，双手抱着手机，又聚精会神看了足足一个半小时。

可以说，哥哥是我见过识别东西反应最快、辨别力最强的孩子，却沉浸在奥特曼卡片的世界里；弟弟则是我见过的孩子里，眼神最专注、也最能保持一个姿势安静下来聚精会神的孩子，只是聚焦点竟然在手机的视频上。我总是很难精确地描述出自己对农村的感受，但是那种认知上的冲击总是一波接着一波。

晚上，我和少锋哥骑着摩托车回村里，再次路过附近的独坡镇。小小的一条街，长度不超过 1 公里，却分布着 5 家 KTV。这里的村民非常勤劳，可以早出晚归地劳作，但是也非常会享受生活，夜里唱歌喝酒能到深夜两三点。

"嫁入蚝门"夜宵店的石哥说："别看这条街上没啥人，我这里到半夜两三点都还有客人，特别是到了冬天，很多在外面打工的人回到家，都到镇里来消费呢！"旁边一位偶遇的兄弟对我们说，忙了一周的工作，今夜两点半，约了几个好朋友，要一起开车去广西的一个县城找蜂蛹吃。

或许，这就是小县城里乡镇的底色。

三省交界处的村寨与方言

周一清晨，我和少锋哥在独坡镇的街上吃早餐，圆粉、宽粉、螺蛳粉……商家在报着菜名。

独坡镇建在斜坡上，主街道呈"T"字形，街上的商家大都没有什么生意，镇政府坐落在街道的西侧尽头。街上有三四家超市，其中最大的一家是供销合作社。

上午，龙哥送完孩子，便同我及少锋哥三人开车到旁边乡镇的黄寨村去做客。

车子行驶在湘西的崇山峻岭之中，山间道路的宽度只够两辆车刚好会车，车道弯弯曲曲，如盘旋的长蛇一般，时而出现一连串的急转弯，弯道的一侧就是林木茂密而深不见底的山谷。

这里是湖南、广西、贵州三省的交界处，山高、谷深、林密。大伯和少锋哥都和我说起过，每年都能见到几只凶猛的野猪冲入路中间。而且由于现在国家对山林的保护，以及农民田间作物的丰富，到山下出没觅食的野猪也越来越多。

这里的山林曾经掩护了红军长征的战略转移。惨烈的湘江战役之后，中央红军走进这片三省交界的山脉，当时只剩下三万多红军了。面对后有追兵、北有埋伏的形势，1934 年 12 月，毛泽东等人在通道县召开了"通道会议"，改变了北上湘西的路线，决定转兵西进贵州，这才有了后来的"遵义会议"。发生在中央红军长征中的"通道转兵"，在生死攸关的时刻挽救了党、挽救了红军、挽救了中国革命，被誉为是党第一次伟大转折的历史开端。

即便是在今天，要在这片大山里穿行，都不是一件容易的事情。除非车技极好且熟悉当地的地形，不然外来人想要开车穿过这片山脉，也得惊出几身冷汗。

附近的老人告诉我，这里当年匪患猖獗，山下的人一旦日子过不下去了，便到山里做土匪，不时下山劫掠附近的村庄。

在高山峻岭里穿梭的一个多小时，也让我明白了，为何这里每个乡镇的侗家方言都有不同。由于高山阻碍了交通，山两边的人大多数是互不往来的，方言自然形成隔阂。最典型的便是牙屯堡和独坡镇隔了几座山，方言和习俗便存在一些差异。这种多山的地形导致了方言往往隔山而异。我在和村里老人的聊天中才知道，老一辈村里人对独坡八寨其实是非常忌惮的，由于新中国成立前独坡八寨里的人大都是匪气十足，对附近山下的村子多有侵扰，所以大家之间其实来往不多。

同时，这里也是历代王朝行政区划的边缘。据说附近的几个村寨，直到改革开放后才陆续开通班车。在新中国成立之前的漫长岁月里，这里是典型的山地民族聚居区，四面有山屏蔽，与外界隔绝，里面有山有水，村民们靠山吃山，在这里过着桃花源式的生活。只有等缺少某些物资时，这些山地居民才会拿着当地的山货、土特产到外界的集市进行交易，最典型的就是去集市上换一些盐之类的物品。

这样的自然和社会环境，也让我们理解了，为何湘西地区尽管地处中国腹地，与中原王朝互动了几千年，但是一直到了民国时期，在沈从文的笔下，湘西地区还跟"边城""边墙""边政"这一类边疆词语联系在一起。崇山峻岭的地形和山地民族的聚集形态，使得历代王朝在这里的改土归流推进缓慢，所以，即便到了二十世纪三四十年代，湘西仍被视为"边鄙之地"。而这里乐于自保的各个山地民族，也都有着自己独特的社会组织形态，努力维持着自身的文化传统，保持着自身的边缘性。

穿过绵延的山脉，我们到达了目的地黄寨村。黄寨村口，一条大河从村侧流淌而过，村口老人告诉我，几年前这里还有一座残存的木桥，当年，红军就是从这座木桥上通过，辗转到贵州黎平去的。

走进村里，巷子间还是巨大鹅卵石铺成的小道，狭窄、逼仄，而又弯弯曲曲。

饭桌上，听起人们互相介绍，我才知道，这里分布在各个岗位上的人，都是来自几个家族的。家族里一个人走出大山，便能带动家族里的一批人走出去。比如大哥在医院工作，家族里的多个弟弟妹妹便也都到了医院去工作。老一辈到城里工作的人，退休以后，也都还愿意回到村里养老。

少锋哥也是大家族的一员，他年纪轻轻能够在村里主持工作，上级政府部门的支持当然是最重要的，但是作为村里的一个大家族的一员，家族里各个成员的支持，才能让他取得村民们的信任，他才得以在村里完成上级交付的各项任务。

然而，这里的家族没有南方那种浓烈的宗族气氛，家族内部的等级氛围并不强烈，只是通过频繁的内部互动，保持家族内部互帮互助的传统。

在饭桌上，我问起退休后从县城回到村里生活的大伯和姑爹，他们作为最早一代外出求学并在外工作多年的人，如今"告老还乡"回到村里，是否愿意像江浙一带的一些乡贤一样，成立乡贤议事会，发挥老同志的作用，助力村里发展。大伯和姑爹都表示，如果村里有需要他们帮扶出力的，肯定义不容辞，但是他们老一辈人的愿望还是要把舞台交给年轻一批的村干部，尽量不在里面插手和干预，扮演好背后支持者的角色就好。

这也就意味着，在村里，出现公众所期待的那种乡绅、乡贤在乡村治理中发挥作用的场面，缺乏的还不仅仅是组织基础，文化和氛围的火种还远没有到来。

现代化的浪潮呼啸而过，无论这里曾经多么闭塞，路上来来往往的班车，以及每年拉着当地民众外出打工的专列，已经将这里与整个世界相连，这一切都来得势不可挡。

时代变迁中的山林命运

冬日的中午，气温渐渐回暖。我躺在床上，把被子卷成圆筒，蜷缩在棉被里。楼下的院子里，阿叔在暖阳下磨着马刀，阳光射在窄窄的银色刀刃上，反射到我的窗边，在窗帘上留下点点阳光。我从未觉得中午如此漫长。亦如少锋哥，觉得等待检查的时光是如此之长。

面对检查，最难熬的并不是准备检查的加班时间，也不是紧张地接受检查那几个小时，而是一切准备好后，等待检查的那些日子。为了规避下级单位的各种策略，检查总是通过临时抽选乡镇和村庄的方式来选定目的地。没有人知道，自己哪天会被抽中，只能耐心地等待着，而这样涉及多个村庄的检查通常持续一周，这也就意味着，那些一直没有被抽到的村庄，一周都要在等待检查随时降临的日子里度过。

1. 从山匪猖獗到干部下乡

昨天少锋哥和之前几天一样，又到县城里开会去了，留下我和阿叔阿姨一起吃晚饭。阿叔和我讲起，自己的父亲担任了十几年的生产队大队长，也就相当于现在的村委会主任。阿叔听自己父亲说起，新中国成立前，村寨里的人们是白天才在村子现在的土地上活动，夜里就返回村寨后面的山里去了。那个年代，他们集体性地过上了"朝九晚五"的生活。因为当时的湘桂黔三省交界地带，山匪多，匪患严重。每到白天，土匪们便成群结队沿着河谷的平地路段到处劫掠，走到哪儿，就抢到哪儿。那时的村里，连把好点的砍刀都找不出来，自然难以抵御土匪的骚扰，只能白天在山下种田，晚上带上农具，再返回到山里休息。所以，新中国成立后，阿叔的父亲，作为生产队长，一个重要的任务，就是把村民们不断带下山来，筑房种田，定居在山下。

短短 70 多年，这里已然发生了翻天覆地的变化。不仅更多的人在乡道旁建起了三层小洋楼，而且这里村民种植的罗汉果，也通过国际市场远销欧美，全球市场的波动，甚至能让这里的农民忧心忡忡、彷徨失措。

频繁来到村里的，不再是杀人越货的山匪，而是关心村里发展、走进侗家楼房、对村民嘘寒问暖的党员干部。

古伦这类缺乏资源和人才的村庄，对上级政府的支持十分依赖，迎接好检查、获得领导认可，是对其发展促进很重要的一项工作。就在上周六，古伦村是镇里唯一被评为省级示范村的村子，这也是某种程度上的回馈。

2. 无根的节日与安静的乡村

12 月 4 日这天，是农历十月三十，也是侗族传统的"侗年"。但是，我问了好几个村里的老人和年轻人，他们都说不出这里面到底有什么习俗。事实上，村里也确实没有举办任何的活动，大家只是说，县里通过立法确定了这么一个节日，让大家多了一天假期，除此之外，也没有谁还能说出任何其他的名堂。

在我看来，"侗年"得是多么重大的一个节日呀！记得我还在云南生活时，泼水节就是傣族的"新年"，"小泼三天，大泼五天"是传遍云南的一句话。泼水节时，只要你走进傣族寨子，迎头便是一桶水猛飞过来，立马全身湿透，这是傣族人家热情的新年欢迎。

经过查阅资料我才知道，"侗年"其实主要是流行于贵州地区侗族的活动，是用来感谢祖先的传统节日，是侗族家人团圆、庆贺丰收的节日，更是侗族文化大展示的节日，2011 年还被国务院列入国家级非物质文化遗产名录。不同地区的侗族节日和习俗差异很大，其实我驻村的这个地区的侗族并没有什么活动，但是在少数民族文化宣传的大潮之下，依旧设立了这么一个节日。

村子里依旧人烟稀少，路上很少能够遇到人。在村里忙碌的，主要是村干部带着七八位老伯和阿姨，在整治村里的人居环境。

经过半个多月的努力，村里的杂草地都被围上了崭新的篱笆，翠绿竹片镶嵌起来的篱笆，立在乡间小道的路侧。更为难得的是，绕着房屋而过的小水道，经过整治，没有了淤泥和瓦石，清澈的溪水绕着每一栋侗家楼房潺潺流过，就连村里鼓楼前的荷塘里，枯黄的荷叶下的池水竟是清澈见底，甚至还能看见几只消瘦的鱼儿在荷叶杆子间穿梭。

一天午饭时，我听见楼下的墙壁间有溪水簌簌作响，我打开窗户，向楼下看去，布满青苔的小水道旁，几株野草在欢快地摇晃着身子，溪水如鱼鳞般在跃动，向村口奔流而去，颇有小桥流水人家的韵味。

3.六年一分的田地

伴着溪水潺潺流淌声，我同留在家里的阿叔和阿姨聊了起来。当我再次问起这些年村里的变化时，阿叔说了一句："真是千年田八百主呀！"

当"千年田八百主"这句话从眼前这位小学毕业的阿叔口中说出时，我确实惊讶了。仔细询问之下，我才知道，即便是在家庭联产承包责任制之后，这里的田依旧保持着每隔六年重新划分一次的传统。每隔六年，到最后一年的六月六日，全村会在各个村民小组内，根据当时每家的家庭人口数，对田地进行重新划分。无论是嫁入村里的媳妇，还是刚出生的婴儿，只要在那年的六月六日前是家里的一员，都能分配到土地。

而且在古伦村，外嫁的女儿不再具有娘家的财产权，但是嫁到夫家以后，村里会分配给妻子田地。村里除了山林和山地已经确权外，水田还在依旧保持着周期性划分的传统，这和很多地方已经很多年不再重新划分土地的做法是不一样的。

和绝大部分地方在实行的"增人不增地，减人不减地"政策有所不同，村里每隔六年一次的、以队为基础的土地调整，保证了村里人均耕地的均衡性，也避免了失地人口和无地人口的出现。随着人口的增减保持的周期性的土地调整，保证了每家都能耕种到与家里人口数量对等的土地，村民们普遍都很满意。真可谓实现了耕者有其田！老人在家中务农，获得农业收入，年轻一代则外出打工获得打工收入，以家庭内部代际分工的半工半农的家计模式，保证了村里每家都能有稳定的收入来源。

特别是给外嫁进村里来的妇女分配土地，是对妇女最实在的尊重。对于村民而言，"在土地里刨食吃"是他们最基本也是最稳定的生存方式。可以说，这种模式蕴含着小共同体内部共同富裕的基因，但是在国家强调农业规模化经营、鼓励土地流转、希望增加农民财产性收入的当下，这样的模式是否能够适应新的生产关系，还有待进一步观察。

4.山林的命运

与土地所不同的是，村里的山林早早就进行了确权，因为山林在村民们家计里不再扮演重要的角色。

对于村里的山林，阿姨这样描绘："以前吧，村里家家都烧柴，所以都得上山里去砍柴，没有柴烧，连饭都做不了。所以那时候，提着刀去到山里，只要不是用作建房材料的杉木树，大家都随便砍回来作柴烧。这几年国家保护山林，不允许随便乱砍了，我们提着刀上山砍伐一点，国家从卫星上一看就知道了，就会来找我们。现在村里大家都用燃气了，我也就偶尔还烧一下灶，你叔和少锋，现在几乎不烧柴了。"

"难怪上次我和少锋哥去爬山，山里的路都长满杂草，快看不到了！"我感叹道。

这时，阿叔扶了扶帽子补充说："国家保护山林也是很重要的。"

"不影响咱们这里的生活吗？"我好奇地询问。

阿叔放下酒杯，用手指着厨房中间的一根柱子说："你看这根柱子，还是七几年我们家里盖房子的时候，跑了老远从广西那边拉回来的。你去其他乡镇的时候，会翻过一片又一片山。你别看我们现在这里这么多山林，树都长得老高了，你估计都想不到，我们七几年建房的时候，附近的山林都被砍光了，那时候"大跃进"，还有搞各种运动，连续砍了这么一二十年，哪里还有什么好的树。山上只长着低矮的灌木丛，连棵能做柱子的大树都找不到。当时我们家里几个人跑了好几座山，最终都没有找到能够做柱子的木材，没办法，最后只能跑到广西去找了。"

当年的"大跃进"，以及人口的急剧膨胀，竟然一度能让人们把湘西崇山峻岭里的大树都砍光了，这着实让我惊讶，这片绿色的海洋曾经有过生态被破坏到这个程度的岁月，这让我不禁感慨。

阿叔接着说道："你知道，很早的时候我们这边那些三省交界的大山里，野猪特别多，上世纪 60 年代的时候，大家都说靠山吃山，所以就滥砍滥伐，还到处打猎，过了几年，野猪都看不到一只。这些年保护了山林之后，野猪慢慢多起来了，上次少锋他们开车不是还在路上遇到两只嘛。这两年野猪经常跑到山下来搞破坏，偷吃了不少农民的庄稼，所以，现在怎么在保护好野猪的前提下，防止野猪伤害到庄稼和人，已经是政府在考虑的问题了。但是，从野猪增多我们就能够看出，现在山林越来越茂密，生态环境变好了。"

听完阿叔的讲述，我沉默良久。大山无言，却也记录着这样一段厚重的历史。

重点村的发展逻辑

忙完一周的周五晚上，少锋哥、灯哥和我三人驱车前往另外一个乡镇的一个旅游村交流学习。开车绕过九曲十八弯的山道，终于到达了一个夜色间挂满灯笼的村子。

这是一个发展得非常不错的村子。早在十几年前，村里便开拓了通过种植并销售杉树苗来发展产业的路径，杉树的生意带动了全村的发展，村里很多在外打工的年轻人都纷纷回家，种植杉树苗。因此，村里青壮年劳动力非常充足。村民们不仅将杉树苗种满了村子，还租借了周围几个乡镇的山地进行种植。由于杉树苗一年便能出售，而且销路稳定，所以村民手里有大量的现金流。

"我们村发展是发展了，但是现在吧，风气也不好了，啥都向钱看，村里有啥事情，让村民一起来配合一下，不给他们发钱，他们都不愿来的。"这是村里年轻的杨支书对我感慨的事情。这是一位90后支书，已经有一个上幼儿园的儿子和一个3岁的女儿。杨支书大学毕业后就回到村里参与村支两委的工作了。

接下来的聊天，使我不得不对这位年轻的支书刮目相观。杨支书思路清晰，心胸开阔，极有魄力。

由于近年来国家对"绿水青山"的保护政策，杉木的采伐量下降，杉木的销量也逐渐减少，杨支书带领村民们循序渐进地过渡到果树苗的种植和培育中。凭借先前种植杉树苗积累的资金和客户渠道，村里慢慢将果树苗也打开了销路，并逐渐用果树苗来取代村里原有的杉树苗种植产业。这条发展的转型之路，走得平稳且扎实。

如果仅仅有产业的发展，或许还不足以令我刮目相看。在产业发展的早期，村里早几批的干部们便利用各种场合和机会，宣传自身的文化特色，甚至在各种会议上，抓住一切机会，将自己的侗族文化和红色历史进行宣传，俨然成为侗族文化的代言人。由此，在产业发展的同时，也带动了村里旅游业的发展，吸引了资源持续不断地注入。

现在，村里旅游业面临的最大问题，就是旅游链条太短，游客来逛个半个小时到一个小时，便匆匆离开了。因此，如何延长旅游链条、尽可能留住游客，成为了杨支书面对的问题。而年轻的杨支书也确实是一个见识颇广之人，正在通过建设民宿、打造歌舞、策划晚会，来尽可能吸引游客留在这里过夜。对于各种研学活动、写生采风、团队拓展，杨支书都细心接待，并在和外来游客的交流之中，不断激活他们对本民族文化的认知。

"我们这里有吹芦笙的习俗，但是以前芦笙有几曲，我还真的没有想过，也是那些来开展调研的人问我，我才意识到这个问题，也借机把这些内容进行整理，并做出了一个曲子名录。其他很多文化产品，我也都是在和外人交流中，才逐渐意识到的。"年轻的杨支书热情地解释着为何如此愿意和我聊天。

旁边的90后年轻姑娘也进一步解释："我也是这样呀，虽然很小就学习侗话和侗歌，但是上学以后我们都不用，也没有这个环境，渐渐地都忘了，也是回家以后，从事直播带货，宣传民族文化，我才开始向我爸爸他们学习唱侗族歌曲的。"

这时，旁边的阿姨问我："你有没有'买'？"坐我对面的几位叔伯正欲给我翻译，我立即阻止了他们，我知道"买"在侗语里是"妻子"的意思。在我努力学习侗语一段时间后，这些基本的词汇我都已经记住，从"你好""吃饭""喝酒"这些生活词汇逐渐拓展到许多的专业词汇。但是，完整的句子，我还是只能说很少的几句。

原因很简单，侗族长期没有文字，所有的语言都是在生活中学习的，全靠长辈的口耳相传，所以有"汉家有字传书本，侗家无字传歌声"的说法。

在新中国成立之前，侗族人大部分的语言，都是从歌曲里学会的，歌词内容从穿衣吃饭到人情伦理，无所不包，而且侗族歌曲承担的不仅仅是语言传承的功能，还有伦理道德教化的功能。尽管新中国成立后，国家试图通过引入拉丁文字母来为侗族创制文字，但是由于这套文字在使用中极其不实用，所以能读懂的人极少。

就我个人的学习体验而言，这套文字和音标之所以流传不广，倒不是因为创制文字和音标的人不用心，而是在于侗族语言的差异性太大：同一个词汇，不同县份的侗族发音是不一样的，甚至同一个县份里，不同村寨的发音也千差万别。因此，大家还是从歌曲里来学习侗家话。

刚来村里的时候，尽管我一开始从网站上找了音标和教程来学习侗话，但是学习效果并不佳，因为从网上学的侗话发音与当地人的口音差异太大。在一次饭桌上，被一位侗族美女热情的"高山流水"敬酒仪式震撼之后，我才转变方式，通过歌曲来学习侗家话。所谓"高山流水"，就是指侗家女子亲自为远道而来的客人敬酒，客人双手不能碰酒杯，而由侗家女子将酒倒进客人的口中，侗家女子一边唱着祝酒歌，一边端起酒杯给客人送酒，原则是"歌声不停酒不停"。一首歌曲唱完，我已经喝了半斤米酒了。在这次经历之后，我下载了许多当地的侗族歌曲，通过学习侗族大歌来学习侗话。

在我二十多年的语言学习历程中，这是第一次主动抛弃文字和音标，通过学习民族歌曲来学习地方语言，不得不说这是一次特别的体验，而少数民族"能歌善舞"的谜题，也被我逐渐揭开，因为这就是他们日常沟通的一种方式，已经融在了他们的生活里。

就在我掏出自己打印的侗族歌曲歌词时，那位问我有没有"买"（妻子）的阿姨凑上前来，和旁边的年轻女子轻声唱起了上面的侗族歌曲。这位阿姨不会讲几句普通话，也不认识几个汉字，但是唱起侗族歌曲竟是如此得流畅。

这顿晚饭吃得如此愉悦，有酒、有歌声，还有思想的碰撞。作为基层干部的杨支书，深谙基层工作之道。他对于申请政府项目方面的经验之谈，令我受益匪浅。

晚饭过后，杨支书陪同我们几人夜游侗寨。这时，村中心的餐馆刚刚打烊。尽管受到疫情影响，餐馆的客人少了许多，但今天晚上，这个小小的餐馆还是招待了十多桌客人。漫步在村中的石阶上，我抬头一看，竟是漫天繁星，星河璀璨。

酒杯里的故事与资本下的乡村

在古伦村待久了，尽管在与村民同吃同住同劳动的过程中，了解的东西越来越多，但我渐渐也对很多事情失去了敏感性。因此，当看到清华大学乡村振兴工作站将在湖南省怀化市溆浦县开展乡村振兴的调研时，我便立即报名了，也是试图跳出单一乡村的小世界，到附近区县的乡村去了解一些情况，在对比的过程中探索乡村发展的路径。

1. 酒何以成为基层工作的柔顺剂

我从村里去通道县城乘车，再从县城前往其所属的怀化市区，在怀化市了解全市的发展战略之后，再前往怀化市下面的溆浦县参加座谈了解情况，最后从溆浦县前往调研的村庄。这是一个从乡村前往县城，再到达市区，最终又沿着相反的路径去到另一个乡村的过程。这一调研轨迹也使得我对于两个乡村在市县各层级的定位有了更多的了解。

"通道县呀，是我们怀化市经济发展最靠后的区县了，而牙屯堡又是全市最偏远的乡镇。你们即将前往的溆浦县，是整个怀化市人口最多的县，有100多万人口，足足是通道县的5倍。"听着市里干部的介绍，几个地方也渐渐在我脑海里形成图景。

怀化市被誉为是"火车拖来的城市"，渝怀铁路、沪昆高铁、怀邵衡高铁、张吉怀高铁等铁路线路穿城而过。附近的溆浦县也是交通极为便利，既有火车站也有高铁站。

来到市区，我最深的感受是什么呢？是关于喝酒风气的变化。上级组织机构里，很多事情是靠正式的规则和制度来运行，对工作作风的监督也极为严格，干部们很少因为工作的交际而喝酒。而在基层的乡镇，尤其到了村一级的两委组织，不少工作还要借助喝酒来解决。其实略加观察就能发现，越是在上级单位、越是在经济发达的地方，工作的推动就会更多依靠制度性的规则，而非以喝酒为代表的人情；而越是在面临复杂社会的基层、越是在经济落后的地方，更多的要通过以喝酒为代表的人情来推动工作的开展。

一位市级职能部门的干部，也曾在乡镇工作过几年，他更是绘声绘色地和我谈起喝酒在乡镇工作中所起到的作用。

"我到现在都还记得，我刚刚去乡镇工作的时候，非常主动地去和镇里工作经验丰富的老同志请教工作方法，问他们面对一些棘手问题有些什么好的解决办法。有个老同志想了一会儿，喝了一口茶，恍然大悟似的对我说：'那简单，你就找他喝酒呗！'我当时听了只能'喔'了一声。但是心里还是觉得不甘心，接着追问：'那除了找他喝酒外，还有什么其他好的方法吗？'老同志又喝了一口茶，想了几秒钟后，突然又说了一句：'你再找几个人和他一起喝酒呗。'我又'喔'了一声。内心还是有点不甘，又再次追问了一句：'还有其他方法吗？'老同志这时又想了想，无奈地摇摇头，云淡风轻地和我说'那没有了'，我听完那是一脸的疑惑呀！"

"那你后来发觉这个方法好使吗？你用起来怎么样？"在大家的笑声中，我憋住笑迫不及待地追问。

"那也得看情况，哪里能一直喝呀。何况这些年基层工作压力比较大，更不可能频繁地喝酒了。"那个干部脸上露出了憨憨的微笑。

"那以前你觉得喝酒解决哪类问题比较有效？"我依旧抑制不住自己的好奇，再次追问。

"最多的当然就是调解各种纠纷。前几年征地拆迁之类的纠纷比较多，有些人上午还来办公室嚷嚷着要去市里去省里上访，中午叫他几个亲戚或者朋友过来，陪他喝顿酒，下午问他还去不去，他已经躺那儿了。"

"喝酒竟然还能管住上访人员，这我还是第一次听到。"我在哈哈大笑的同时，对此表示了惊讶。

这时，这位年轻的干部笑了笑说："其实不少人并不是真想去上访，他只是在家里无聊，想找个地方聊聊天、发发牢骚，找个人陪他说说话。在乡镇工作的时候，经常有老头老太太过来反映问题，说来说去也就是他们的那些陈年旧事。所以，我一看人来了，就给他拖个椅子，倒上一杯水。老人在旁边不停地说，我则敲着键盘，过个两三分钟回应他几句，无非就是'对''好的''我记下了'之类的话。一下午聊完，老人高高兴兴自己就回家去了。过几天又来，还是这样，给他倒一杯水，他一边说，我一边在电脑前打自己的材料。"

"看来主要还是扮演一个倾听者的角色，让这些有怨气的老人有个倾诉的地方，给他们一些情感安抚和慰藉。"我思索之后总结道。

"是这样呀，我们去村里一些老人家入户，很多老人年龄大得已经什么都听不清了，还非常热情地和我们聊着。我问他：'老人家，你最近身体怎么样？'老人来一句：'哦！我家的狗呀，刚出去！'我又问他：'最近家里有没有地方漏雨？'老人又接一句：'我昨天还去地里走了一趟呢！'刚想接他一句：'地里还种些什么菜呢？'他立马来一句：'去年给我送的棉衣还能穿。'两个人的聊天完全不在一个频道上，简直是鸡同鸭讲，但有意思的是，老人还聊得非常开心，还非要留你多坐一会儿。主要还是平常村里也没有什么人，他能看到个活人和他说几句话就开心得不得了，完全不在乎聊什么，反正都是各讲各的。"

我一直都非常喜欢和基层的干部聊天，因为他们讲出来的故事，画面总是如此的生动有趣，就连那一个个句子都仿佛是跳跃出来的，能在我耳边回响好几天。

2. 从城市再回乡村

在市里待了一天之后，我们来到溆浦县。溆浦是个农业大县，全县接近四分之一的人口都外出务工了，留在家的青壮年劳动力少之又少。

　　溆浦一直在努力打造工业园区，但是招商引资的步伐相对缓慢，园区内企业比较少，从停车场里稀稀疏疏的电动车便能看出上班的人并不多。倒是当地富商投资的几个乡村旅游景点，打造得比较成熟，无论是规划设计还是推广宣传，都做得非常有特色，充分结合了当地的瑶族文化、农耕器具和山形地势，并且能够很好地将各个旅游景点连接起来，形成彼此互补的旅游路线。我们这次调研的地方便是以梯田景观和花瑶文化为特点的山背村。

　　我们一行人的车沿着山路一直上坡。路旁山间大河里的水流已经干涸，裸露出的一块块花岗岩巨石呈现出千奇百怪的形状，这一块块白色的巨石，让我犹如进入到一位高人布置的巨石阵中。我们来来回回拐了三十多个陡峭的山路急弯后才到达村里，并在山顶一家名为"星空云舍"的民宿居住了下来，这里的山顶民宿仿照欧洲高山地区的山顶小屋建设而成，一栋一栋地矗立在山间，而下面则是绵延的梯田。

　　从山顶往下看，山间云海翻涌，久久不散。脚下便是从海拔300多米一直爬升到海拔1400多米的梯田，一共3500多亩。弯弯曲曲的线条，仿佛是天神留在这片大山上的指纹。由于是冬季，我们没能赶上夏日梯田间的绿海，也遗憾看不到秋天满是金黄稻浪摇摆的梯田，就连梯田雪景也因晚来几日而错过。迎接我们的是弯弯曲曲枯黄线条间、因放满溪水而似一面面奇形怪状明镜的水田，这镶满明镜的山间，搭配上奔涌的云海，确实令人有一番身处仙境之感。行走在山间梯田，仿佛是在迷宫之中行走。身旁的土坎和田埂，随时奔腾出清冽的山溪。正如当地人告诉我的，这里"山会唱歌、水会谈情、屋檐翘起在微笑"。

3. 村干部的年轻化

　　山背村共有635户、2196人、21个村民小组。令我惊讶的是，这里的每一个村民小组都不是按照数字来命名的，反而都有各种动听的名字，高丞组、月形组、老屋组、来泥湾组、丰木组、桐木湾组、茶坪组……每个名字背后都有个流传至今的故事。村里瑶汉杂居，有500多位村民是花瑶族。村里外出务工的人占到了户籍人口的四分之一，但是村干部却一直在和我说："我们这里外出务工的比例还算是比较低的了，大部分中老年人都在家务农！"

村里的两委干部都比较年轻。村里的唐支书是一位40多岁的中年男性，高中毕业，早年一直在外承包各种工程，是村里名副其实的致富带头人，后来被邀请回来担任村干部。唐支书和我说："现在村里的工作是越来越难做了，上面派下来的工作越来越多。我刚当支书的那两年，也就是2014年到2015年前后，每年还能抽出一个多月出去一趟，跑一下我的工程项目，现在各种任务、各种检查不断，我几乎再也没时间忙自己的工程了，晚上、周末都在加班。"作为被全县重点推介的村集体干部，唐支书还担任了县委的委员，责任也就更重了。

其他的几位村干部也大都有在外求学和务工的经历，且大都是30多岁。唐支书是这么和我解释这个变化的："以前呀，各种材料都是手写，或者是电话讲一下情况，由镇里的干部来编辑或者输入电脑。但是这几年不一样了，所有的这些材料都要直接提交各种电子表格或者电子文档，大部分时间还要使用各种网络系统、数据库平台。但是年龄大一点的老一辈人打字比较慢，也不会弄电子表格，半天也弄不好一个事情，所以，现在村里的干部大都是这些年轻的、用电脑和操作各种系统都非常熟练的人。"

由于山背村是全市重点关注的典型村，连驻村帮扶的都是市级单位，由国网怀化供电公司的三位年轻干部在这里驻村帮扶。除了在这里驻村，国网帮扶山背村的主要方式，还是我们经常能够看到的"消费扶贫"，也就是组织国网的干部职工购买村民生产的一些农产品，比如大米、水果、家禽之类的，通过帮扶单位的消费来解决一部分村民的农副产品销售问题。

4. 金银花种植的收益与风险

在山背村的一周多时间里，由于大部分时候雨雾迷蒙，持续四五天云雾不散，我们很难到各个景点去勘察，反倒是留出了更多时间去走访入户，得以深入村民家中与村民们开怀畅聊。

在与村民的聊天中我了解到，由于有旅游公司在村里进行旅游开发，村集体得以入股并参与分红，村民们不仅可以通过流转土地获得收入，还有60多位村民在旅游景区上班，尽管大都从事的是保安、民宿保洁员和餐馆服务员的工作，一个月只有两三千块钱的收入，但是由于能够就地解决就业，村民还能照顾家中的老人和孩子，也不失为一个难得的收入来源。

山背村的人均耕地达到了1.8亩，在当地处于中游水平。之所以能有比较多的中老年人留在家，一个非常重要的原因就在于，村里有自己主要种植的经济作物——金银花。村里种植金银花已经有十多年的历史，几乎每家每户都会拿出接近一半的农田来种植金银花。平常年份，一亩金银花能够卖出五六千块钱，价格好的年份甚至接近一万块钱，远远超出一亩水稻两三千块钱的收入。但农业种植都面临着一个周期长、价格波动大的问题。因为金银花一年也就收成那么一季，之前漫长的养护期便意味着家里很难有稳定的现金流。没有持续稳定的收入，村民便很难保持稳定的生活，也不敢动用大笔资金进行投入。而且金银花的市场价格飘忽不定，收成情况还容易受到天气的影响。

陪同我入户访谈的是村里的副支书，早年间他曾通过土地流转，一下子种了几十亩金银花，希望将金银花种植作为自己发展的主业。没想到有一年金银花收成不好，恰好那年本地金银花的价格又走低，这让副支书一下子赔了很大一笔钱。自那以后，副支书就再也不种金银花了，而是带上行李南下打工去了，直到近几年才回到村里担任村干部，但是副支书再也不敢那样大规模地种植金银花了。好多村民都因为遇到过这样那样的风险而每年都忧心忡忡，特别是价格的波动尤其挑动着山背村村民的神经。尽管金银花的种植收益要远高于水稻，但是村民们种植金银花的规模也不敢随意扩大，如今村里的3500亩农田中，也仅有1600亩用来种植金银花，占农田总面积的一半都不到。

　　当然，也不得不说，山背村村民尽管种植金银花已经十多年时间了，但是一直都处于直接售卖生花的阶段，他们既不懂得加工，也没有掌握任何包装和推广的技艺，一直都处于价值链的下游。甚至连金银花的销售也主要依靠来村里的收购商，自然很难获得较大的发展空间。

　　另外，由于旅游公司的开发建设，村民的很多梯田便无法用来种植金银花。作为普通村民，当然更愿意种植经济价值高一些的金银花，但是旅游景区的规划开发，又要求村民在梯田里都种上水稻，这样才能形成美丽的梯田景观，吸引游客的驻足。因此，村民们基于风险最小化的进行多元化种植的想法，与旅游公司进行统一设计、打造梯田景观的规划相冲突了。旅游公司以每年400元一亩的价格付给村民流转费，让村民按照旅游公司的要求，在规划的景观区域内除了水稻不能种植其他作物。不愿种水稻的家庭，旅游公司可以找人种植，愿意自己种植水稻的，还有额外的补助。然而，这样的方案，在村民看来，根本抵消不了自己因为不种金银花带来的损失。尽管为了支持村里的开发和建设，很多村民还是选择和旅游公司签订了合同，但是村民们始终心有不甘，认为自己因此损失了很大一笔金银花种植的收入。在我入户调研过程中，触及这个问题时，部分村民便怒气冲冲，甚至一度直接当面拒绝了我的访谈。

　　每到年底，村民们便每天都在看旅游公司的土地流转费是否已经到账。今年因为疫情，旅游业不景气、效益不好，公司延缓了多日才打款，村民对此十分气愤，与旅游公司的关系可谓剑拔弩张。

5. 资本与乡村的博弈

　　外来资本的开发与本地不同村民利益增减所造成的冲突，在这个风景如画的旅游村得以窥见。对于这个偏远的山村，因为资金短缺、人才流失、区位限制、观念落后等一系列障碍，倘若没有外来资本的投资和开发，本地的很多基础设施很难建设得如此之好，村集体也无法获得更多的集体收入来提供额外的公共服务，甚至很多村民也不得不外出打工，而很难在村里就地解决自身的就业。但是旅游开发造成的发展不均、受益情况不同的客观现实，也导致了部分村民利益受损以及获益较少的村民产生怨气。更加值得注意的是，旅游公司的介入，也让村民对村庄的发展方向和空间支配失去了控制权和话语权，成为了乡村旅游的"旁观者"与"打工人"，成为了依附于外来资本而只能求得微薄利益的弱势群体。不少村民觉得，一方面村里人从如火如荼的旅游发展中受益较少，大部分的收益都被资本拿去了；另一方面，即便是这点微薄的利益，也因分配不均、受益群体不同，而引发村庄内部的矛盾。

因此，乡村旅游的开发如何真正让村民获得主体地位、参与到村庄未来发展的决策中，并构建起公平有效的利益联结机制，处理好不同村民之间的利益关系，是乡村进行开发建设之前就需要考虑好的问题，这些问题的解决方案需要尽可能前置，才能让开发建设的成果给所有村民带来获得感和幸福感。

然而，很多问题说起来非常简单，但是真正面对的时候，只能感到深深的无力，因为这些问题本身就是市场和竞争带来的。

另外一个让我印象较为深刻的是关于旅游景区房屋规划的问题。近几年，随着国家政策越来越好，农民收入也在不断提高，很多村民都建起了小平房、小洋楼，然而，从乡村旅游开发的角度来看，很多游客希望来乡村看到的是有特色的传统民居，这样才能感受到乡土味道、领略乡村风貌。但是，村民普遍喜欢盖平房，很少有村民愿意盖传统的木房。加之国家对农村宅基地的严格管理，想要保护住一整片的传统民居，而不让其中盖起几座钢筋水泥的平房破坏整体的景观，对于基层农村而言，牵涉面广，工作难度大。

6. 小洋楼里的"儿时梦"

那么，村民为什么普遍不愿意盖传统的房屋呢？每走进一家，我都会问起这个问题。其中一位36岁的村民说了这样一段让我记忆深刻的话。他说："小老弟呀，你要知道，我们很小的时候，看到村里哪家赚钱了、有本事了，或者是生活条件好了，都是看到这家人盖起了三层四层的平房，所以，我们大部分人从小的梦想就是在村里盖一栋漂亮的平房，这样才能显示我们有出息了、赚到钱了，展现出我们生活水平提高了，平房盖得越好，越能体现这家人在村里的地位。我要是盖个木房，那和以前区别就不大，就会感觉自己没多少变化，那这么多年就白混了。"

看着我沉重地点点头，这位村民继续补充说："对于城里人来说，也包括你们在城里住久了的人来说，平房都住腻了，也看腻了，来到乡下旅游，当然是希望看到一些古朴的传统的房子，但是对于我们乡下的村民来说，我们打小骨子里就梦想着盖小平房，很难为了迎合城里人的审美需要，就改变自己盖小平房的想法。"

现在乡村房屋建设的空间布局、起居设计、外形风貌越来越失去其自身的地方特色和传统风貌，越来越像城市的建设，从"千城一面"走向"千村一面"，让人越来越容易产生审美疲劳。哪怕这不能不被文化精英们视为现代化发展造成的损失，但这一发展趋势竟然有着如此强劲的生命力，它甚至根植于农民儿时的梦想，同时有着乡土观念的巨大支撑，这是经济社会发展阶段所造成的问题。

即便是那些因为旅游规划而建起了传统风格民居的村民，内心也时刻留着对自己儿时梦想的遗憾，那一栋小平房的梦始终在他们的心里挥之不去。

山背村党支部委员沈哥是一位 80 后瑶族村干部，由于村里的瑶族聚居区是旅游规划的重点地段，沈哥便只能带头修建了传统的木质楼房。在我们走访花瑶村寨时，沈哥指着山边自己的房子和我说："其实吧，我个人心里还是喜欢小平房，但是旅游规划需要，没办法，我也只能盖木楼，尽管现在我的木房子已经非常大了，里面的装修也不错，但是始终没有完成我小时候的那个心愿。我是村干部嘛，我不带头盖木房，其他人谁还愿意？"沈哥的语气里流露出些许的遗憾。

7. 乡村个体户的窘境

也恰恰是因为一系列的矛盾，建造传统民居的任务竟然落在了代表资本的旅游公司身上。旅游公司在山背村修建的民宿全是木质的独栋楼房，内部装修精美，有宽阔的阳台。这种高端民宿更像是一个融合了多种元素的综合体验店，与整个村子风格完全不一致，但却最能满足客户需要的体验。

与之相反，村里的一些村民自己开办的民宿和农家乐，在旅游公司这样成熟的运营和管理面前，可谓不堪一击。在走访过程中，我们遇到了几户在村里旅游开发早期就着手做乡村民宿和农家乐的村民，如今都经营惨淡、入不敷出。当我们问及原因时，村民们谈到，太大的旅游团队，自家没有这么强的接待能力，旅游团大都选择了旅游公司的民宿和餐馆。而散客的时间多不固定，且有时候人多，有时候又人少，不确定性太大了。有时候早早地买下了菜，游客却没有来那么多，结果都放坏了。有时候突然来了一大群游客，菜又不够，还得赶紧去买。游客忽多忽少，没有规律，让经营民宿的村民付出比较多，收益却比较小。而且开民宿和农家乐，季节性和时间性都太强，闲下来的月份还是得外出去打工。好几户村民都表示，过了年不打算再继续经营了。

这听起来更像是一个大资本挤压小散户生存空间的故事，但如果没有旅游公司这样大资本的投入，则先期的故事都无从谈起。如何把农民培训得能够及时捕捉市场信息、掌握一定的方法来成功运营小的农家乐和民宿，形成一个多元供给的市场，让更多的村民参与到乡村旅游开发中，并从中受益，也许还有很长的路要走。

"雷击村"村小的裂变之路

行走在山村，对心灵的震撼总能在不经意间到来。

1. 又一个即将消失的村小

在一次山背村组织的座谈会上，我和村小的于校长就留守儿童的话题交谈了起来。这是一位年轻的90后女孩，20多岁，从师范学校毕业也才5年，刚毕业的头两年一直在乡镇的中心小学教书，后三年则来到了村小担任老师。村小只有3个年级，三年级以后，孩子们就得到镇里的中心小学寄宿上学。学校里一共有60个孩子，有一半是留守儿童。整个学校也只有三位正式的老师和两位代课老师，还有一位厨师负责学校食堂。

由于山背村村民居住得比较分散，有的孩子家离学校较远，因此孩子4点多下课后，就得由家长们接走，很难再像其他小学的孩子一样，可以参加学校统一组织的"课后服务"。孩子们因此每天少了一个多小时的时间用来发展各种兴趣爱好。

看到我如此关心村里孩子的成长和教育，一旁的副支书和我说起，他们正在和上级部门协商，不如让孩子们从一年级开始就到镇里寄宿上学算了。听着这个计划，我不禁心头一震，立马说出了自己的担忧。

"让孩子们从一年级开始就到离家这么远的镇里寄宿上学，是不是太小了？孩子们这么小，正是需要家长陪伴的时候，家长的陪伴和情感教育可能对这个年龄阶段的孩子更重要吧！"

自认为还是看过一些育儿文章的我坚定地相信亲人给予孩子的陪伴，是孩子人格健全、心灵健康必不可少的要素。但是，副支书立马给了一句我无法反驳的回答。

"陪伴啥呀，我们这里的孩子大部分还是爷爷奶奶带，父母根本就没时间看孩子，爷爷奶奶全都是一放学给孩子扔个手机就不管了，剩下的就是管孩子吃饭和睡觉了，与其这样陪伴还不如早早地将孩子送到学校里，孩子还能受到管束，养成一些好的习惯，一直待在家估计要被爷爷奶奶带偏了！"

尽管这个回答是如此残酷，我也依然觉得从一年级便寄宿的办法，是否更适合这里的孩子，还值得再探讨。这里的老人确实文化水平偏低，但是不代表就不能把很多正确的道德观念通过抚育传递给孩子。老人的温情、慈爱以及人生故事，都是孩子人生成长的养料。多少人在情感遭遇挫折、人生遇到困难时，支撑他们的都是儿时爷爷奶奶的某句话或者某个面孔。但不可否认的是，在村民的眼里，让孩子在村小读书只是一个迫不得已的选择，家庭条件好的人家，则会将孩子送到县城上学，或者在镇里租个房子陪孩子读书。

然而，很难想象，即便是这所我们今天看来只是一个孩子临时上学的村小，也是在无数的努力之下才建成的。

2. 漆黑山路下的村小诞生史

二三十年前，山背村还被外界称为"雷击第一村"。由于位于高山多雾地区，加之架设的电线越来越多，雷击现象时常威胁着山背村民。上世纪 80 年代至今，按照村里的统计，先后有 17 人被雷电击中身亡，160 多人被击伤，耕牛被击亡击伤 20 多头，生猪被打死 100 多头，鸡鸭鹅等家禽被打死 560 多只，电视被击毁 150 台，村里的变压器先后 11 次被雷电击毁。山背村村民可谓谈"雷"色变。

后来，防雷工程技术企业来到山背村安装避雷针和避雷器，村里因雷电造成的伤亡事件才逐渐减少。如今，村里再没有村民被雷电击亡的情况出现。当我们走在村里时，当地的干部告诉我，山背村之所以到处都能看到凉亭，其实是因为这些凉亭都是安装避雷设施的，避雷针、避雷塔在山背村可谓随处可见。

2008年，当时山背村的老支书找到了负责生产避雷设备的中普技术董事长，讲起村里早年建的小学破败不堪，早已无法使用，孩子们为了读书，不得不走到很远的镇上小学去。由于进出村仅有一条崎岖的山路，孩子们早上5点天没亮就要起床，打着手电筒走11公里的山路到镇里上学。放学后，再走3个多小时才能回家。

中普技术的董事长听到这个情况后，当年就拿出26万元来建设"中普防雷希望小学"。据村里人说，当时建设小学的很多材料没法直接用车运上山，车只能停在山脚下，要靠人力把材料运上来。

2009年9月，一座二层的小平房终于在山背村中心建成，当年也顺利开学，至此才结束了低年级孩子打着手电筒走山路去镇里上学的历史。

2019年，脱贫攻坚时，政府出钱在村部楼附近建了一所更为宽敞、设施更为完善的新小学。新小学的名称也去掉了"防雷"二字，取名为"中普希望小学"。之所以还保留着"中普"的冠名，村里唐支书是这么和我说的："后来新的小学建成，有的人说直接叫'山背村小学'就好了，我说，做人不能这样，得懂得感恩，在我们最困难的时候，是中普公司过来帮我们建了最初的小学，10年间中普公司几乎每年都来慰问。这份情谊、这种联系得延续下去。"也因为这份特殊的联系，尽管现在山背村早已不再是严重的"雷击灾害村"，但是与中普公司的情谊却在这所小学里延续了下来，每年中普公司的干部职工依旧还坚持来看望村里的孩子。

3．电筒照亮求学路

由于清华大学乡村振兴工作站的选址地点就在已经闲置的旧村小，我便和几位同学一起走进那所经历了整整10年风雨、哺育了一代山村孩子的小学校园里。白色的墙壁已经坑坑洼洼，深红的木质门窗上红漆已经掉得呈现出鱼鳞状。6米多高的二层小楼背靠着一堵小山坡，教室和办公室加起来也就 10 多个屋子。楼前仅有一个长 50 米、宽 6 米的小院子，院子中间是一根锈蚀的旗杆，地上长满了青苔。

我推门进去，拿着皮尺仔细测量，教室宽 4.6 米，走廊宽 1.4 米，最大的教室也不过 6 米多长，一个教室甚至都没有 30 平方米。看着那些满是残缺的桌椅，我脑海里闪现出孩子们在拂晓时分走进教室读书的身影。

村小的变迁也见证了这十几年山背村的巨变。如今，得益于旅游开发，山背村不仅路修得越来越好了，村里的孩子见多了游客，胆子也大了，一点不怕生。一个六七岁的小男孩竟然主动和我们打招呼，并开心地与我攀谈起来。也是因为旅游开发，村里的瑶族居民更加注重发掘自己花瑶的民俗、传说以及手工艺。瑶族的传统民族服饰图案的纺染织绣技艺——花瑶挑花也得到重视，县里还为此建立了花瑶挑花传习所。

10 年前，这里还是一个"贫困的雷击村"，是整个乡镇有名的"穷沟沟"，当时附近村里广为流传的一句话是"有女莫嫁山背郎"。经过 10 年光景，这里已经是远近闻名的旅游村。站在旧村小的院子里，我想象着孩子们当初是如何打着手电筒，走远远的山路来到这里上学的，手电微弱的光，照亮每一个前行的小小角落。他们终究都会明白，崎岖的路上并没有埋藏着什么不可逾越的障碍，遥远的角落终究可以被照亮。

资源的伤与位置的痛

距离大年三十还有一周时间。由于疫情防控的原因，很多外出务工经商的人都陆陆续续回到了家。

离开古伦村回家之前，少锋哥邀请几位返乡的好友在县城的餐馆为我钱行。这家餐馆是村里人在县城开的一家馆子，一些食材也都是从村里采购的。通过和几位返乡青年聊天，我发现一个非常有意思的事情，让我直观地感受到了小县城的生产与消费。

1．小县城的消费区隔

在穿过街道的途中，看着路边稍微增多的人，我不禁感慨："平常这县城几乎看不到几个人，这几天人总算是多一些了，但感觉还是冷冷清清的。原本我还以为这些一年到头在外打工的人，到了过年回家时，可以把一年在外赚的钱消费在本地，拉动一下本地的经济发展。可从刚才咱们几个路过的饭店和商场来看，我觉得拉动效应不是很好哎！"

我才说完，同行的代哥便笑了起来。

"我的想法有哪些问题吗？"我好奇地追问。

代哥在深圳从事通信行业，而且是一个小企业的管理层，对各地的生产和消费都十分了解，他不疾不徐地给我解释起来。

"兄弟，你对我们这里老百姓的消费还是缺乏了解。这么说吧，我们这里的人，主要分为两类：一类是外出打工的，主要以经商和务工为主，这部分人呢，一年也就回家那么几天，过完年就立刻走了，即便回家过年，很多东西要么是从外面带过来，要么就是直接从网上买，真正消费在本地的其实就是那么几顿宵夜钱，平时在家里的吃用也都是家里本来就有的或者亲戚朋友送的；另外一类是留在本地上班的，这类人吧，大部分是吃财政饭的，吃公家饭的，按照你的想法，这部分人收入在本地，消费应该也在本地了吧？可恰恰不是这样，这部分人呀，平时大多不喜欢在我们小县城消费，他们觉得没面子，总觉得外面的高档一些，连和人吃个饭、买个衣服和家具，都非要等到周末开车跑到市里去。这样他们才觉得有面子，才觉得自己是个有地位的人。"

代哥的一席话让我颇感意外，小县城的消费没有留在当地，反倒是集中到了互联网和附近相对繁华的城市。这是不是意味着小县城的发展很难形成良性的循环，与一线大城市的差距会越来越大？没有具体的数据，我不能轻易下结论。

看着我若有所思的表情，代哥继续补充说："其实吧，要是大家收入在增加，很多消费其实也是可以从大一点的城市下沉到我们小县城的，但疫情以来，经济形势也不太好，大家收入也没有增加，钱不容易赚到，所以很多人都不敢随便消费了。你别看我现在在外面做企业，回家后人家都某总某总地叫我，我跟你说吧，现在我们这些中小企业，都不敢奢谈什么盈利，能够活下去就是对这个社会最大的贡献了。"

听完代哥的一席话，我愈加认识到县城经济发展的困难和挑战。这再次让我想起元旦假期时，我和几个本地的小学教师一起到县城看电影，全县城竟然只有一个电影院，还是用民族剧院改建的，看电影的人也非常少，我们一行六人几乎是包场。而且在买票时，我注意到周围来看电影的，大部分都是使用单位发的电影券，很少是自己掏钱买票来看电影的。县城街道上的几家奶茶店里，消费者也大都是附近的中学生。

走在沿河的街道上，我们遇到街边的老奶奶在摆摊，是用玩具枪打气球。这种打气球的摊位只存在我初高中时期的记忆里，我已经很多年都没有看到过了。它更多地象征着过去小县城的生活，而非未来县城发展的方向。这种街边打气球的小摊，更像是一个小地方某个发展阶段的时代象征。如果拍电影要体现一个小县城的样子，那么我一定会把街边打气球的小摊放进电影场景里。记得那次离开电影院的时候，我曾想和电影院协商，包场请村里的孩子们看一场电影，但是一想到村里到县城有一个多小时的车程，我立马感受到了这件事情的困难及风险，最终也只能将这个想法默默埋藏于心底。

2. 位置远近与村庄公共设施建设

地域等级带来了消费的区隔，而一个地方距离公共基础设施的遥远，则给生产、流通乃至人们的日常生活带来了重重障碍！

通道县在怀化市的西南端，是距离市区最远的县城，距离省会长沙也非常远，而且沿途多高山，交通十分不便。这种地理位置的偏僻，使得很多的服务和资源很难注入到当地。

我现在都还记得，在溆浦县农村进行入户调研的过程中，当我们发现村里缺乏公共活动场所时，问到村民是否支持村里建一个村民活动中心，很多村民都表示没这个必要。村民的回答让我感到非常无力。

"修不修对我们来说关系都不大，我们住得那么分散，就是在村部楼那里修一个活动中心，也只是让那些住得离村部楼比较近的村民去休闲娱乐，我们这些住得远的人家，也不太可能去。如果说不修在村部楼那里，而是修在山脚，那么山顶的人也享受不到这个便利；如果修在山顶，则山脚的人又享受不到。总之，受益的只是隔得近的人家，大部分人都不会对这个提议感兴趣的。"一个村里的老者如此解释为什么村里很多基础设施建设很难得到村民的支持。

在溆浦的调研甚至让我认识到，即便是村里在外来投资的帮助下获得了发展，村民们也会因"发展不均"产生矛盾。在一位当地富商的投资下，溆浦的几个乡村被打造成了旅游村庄，因为旅游业的带动，当地的基础设施建设得到了很大的提升，最为明显的是主干道的路面全部实现了硬化，而且是非常宽阔的大马路。然而，这些改变在村民们看来是不重要的，村民总是在彼此攀比、彼此抱怨。面对我们的询问，位于山脚受益较少的村民这样说道："旅游公司来了又怎么样？还不是只是山顶的那几家得好处，我们山脚的能得到多少带动呢？"

由于地理位置不同，村民从基础设施建设、乡村旅游投资中受益程度不一，因此，有的建设要取得大部分村民的支持便很难。而某些涉及村民切身利益的投资建设，甚至会因为村民"不患寡而患不均"的心理，激发村民之间的内部矛盾，成为村庄内部治理的风险点。

我正在运营的乡村图书馆，又何尝不是这样呢？经常来图书馆看书和玩乐的，恰恰是距离村部楼较近的四个村民小组，而来的次数最多、最频繁的也是距离图书馆最近的几家孩子。因此，对图书馆建设比较热心的几家人，都是住得离图书馆比较近的人家。也恰恰因为这个原因，在我希望给村民排班来图书馆值班的过程中，村民便产生了分歧。

对于家离图书馆比较近、孩子经常来图书馆玩耍的几家人来说，参与值班当然愿意，但是他们一直都在和我强调"有孩子的家庭都应该参与值班，只要孩子来图书馆，都应该加入到值班中，而不能仅在我们几个热心的家长中轮班"。而当我邀请其他家长一起参加值班时，很多家长又提出，自己家距离图书馆非常远，孩子一年到头也不来图书馆一次，让自己参与图书馆值班显得太不公平。

距离导致的村民享受公共服务程度的不均，也就导致了村民参与公共设施建设的积极性呈现差异。于是我曾想，如果把这些设施分布在不同的位置，让不同地点的人都能占有对于某项公共设施的优势，不知效果会怎么样？

3. 聚集还是分散？

后来的经历告诉我，公共基础设施有着很强的聚集效应，分散不仅不能发挥某些基础设施的辐射作用，反而会导致整体资源使用效率的低下。这一判断的基础同样来源于我对湘西地区一些交通设施布局的体验。最为典型的应该就是通道县这个小地方。一个 20 多万人口的县竟然有两个火车站，名为"牙屯堡"的火车站位于农业人口最多的乡下，名为"通道站"的火车站位于原来的老县城，距离如今人口聚集的新县城足足有一个多小时车程，靠两地之间的班车沟通起来。

我现在依旧还记得第一次去通道站坐火车时，我与送我前往车站的两位本地中年人足足找了十多分钟才认出，原来眼前一片低矮的小房子就是这个县的火车站。

车站的车次很少，而且到很多地方的耗时也比较长，所以很多本地人选择坐大巴前往外界而非首选火车。同时，对于很多第一次乘火车来到通道县的人来说，一下车看到偏僻的小镇，几乎难以置信。如今我还记得有一次我从长沙坐火车来到通道站后，只能选择乘坐班车前往其他地方。那辆班车上，甚至有两个年轻的男孩坐反了方向。通道站尚且如此，位于偏远乡下的牙屯堡站则更为冷清。若非当地的干部告诉我，我是绝对认不出位于乡镇大路边的这个小房子，就是当地的火车站。

人流、货物的中心在县城，但是火车站却位于偏僻的乡下，一方面使得人流和货物的集散十分不方便，同时，除了三四家简陋的宾馆和餐馆，火车站的布局也并没有带动乡下的发展。

如何破解地理位置给偏远乡村发展带来的困局、如何通过基础设施的建设有效地为广大人民群众服务，是乡村振兴不得不面对的问题。

第三章

乡村教育，一池春水

父母的盼头

又到周末，又是和孩子们一起相处的一天。来图书馆借书的孩子也越来越多了。

上午9点多，有三个男孩子早早地就来到图书馆看书，这是极为难得的。我把三个男孩子坐在窗前读书的照片发到家长群后，一位年轻的医生立即就把自己的两个孩子带到了图书馆，让他们带着作业来到图书馆学习。哥哥六年级，是一个不爱学习、也没有任何学习耐心的人；妹妹二年级，虽然对学习缺乏兴趣，但字写得还不错，我也多次鼓励她，算术要一步一步来。

上午，学龄前的孩子们在画画和折纸，上学的孩子们在演算数学题和默写古诗练字，图书馆又重新形成了学习的氛围。

下午，我找了个帆船的模型，让不同年级的五个女孩子，学着合作拼出那艘帆船。孩子们对照着说明的图示，一人拼一部分。尽管中间会有些许分歧与争吵，但是最终在合作与妥协之下拼出了帆船。为此，我奖励了五个孩子一些橙子，她们非常高兴。

临近闭馆时，我鼓励孩子们一起来打扫、收拾图书馆，借此培养他们的公共意识和团体意识，孩子们也都非常积极，迅速地就将图书馆打扫干净了。为此，我还带上孩子们来到伺见楼一层，拉出小米电视，一起观看电影。

刚刚放出电影，前一周来咨询我的三位初中生便来到门口找我，想和我一起聊聊他们的期中考试。我把他们带上了二楼，听着他们讲述对这次期中考试的总结。

三个孩子都非常安静、投入。我给他们讲述着每一道做错的题目，提醒他们要注意总结的地方。正在上初一的弟弟，数学依旧非常好，但是历史、地理都只能考个六七十分。他不愿意背诵和记忆相关知识，阅读题目时，也没有能够充分进行理解。这甚至已经成为村里男孩子的一个共性问题，对于需要演算的数学题，男孩子们都能演算得不错，但是凡是需要阅读文字、进行理解和分析的学科，孩子们普遍薄弱。由于从小缺乏阅读的积累，也没有阅读的习惯，孩子们不愿意背诵和记忆相关的知识，阅读文字时，脑海中浮现不出场景，也不能进行很好的理解和消化。

晚上一位家长给我发微信，问我是否吃了晚饭，我原以为是要请我到家里吃饭。原来这位家长要和我聊一下孩子的学习问题。这位年轻的妈妈非常焦急，已经在楼下等了我一会儿。经过了解我得知，孩子正在上二年级，平时学习不太上心，只是把学习当作老师交付的任务来完成。这次期中考试，数学成绩还不错，可是语文只考了 60 多分，远远低于班级平均分，所以这位妈妈非常焦虑。

这位年轻妈妈和丈夫在镇上做生意，每天工作都很忙，平时也没有时间陪孩子，导致孩子十分不愿意和父母交流。

"孩子有啥事呀，也不和我们说，我每次问他在学校里都遇到些什么人，碰到什么有意思的事情，孩子都是很不耐烦地和我说：'你问这些干什么呀，我不想跟你说。'"这位年轻妈妈的眉头紧锁，焦虑地和我诉说着。

"那你们平时都和孩子交流些什么呢？"我关切地追问。

"我们平时也都没时间和孩子交流。都是孩子闹的时候，把手机给孩子玩一下。"

又是把手机给孩子，我再次对这个事情做出了提醒。这时，这个年轻的妈妈突然想起了一件事。

"对了，孩子只和我们分享过一件事情，是说他们班里，有个女孩子，原来语文数学都只能考七八十分，分数还没有他高，现在慢慢地通过练习，语文数学都能考九十多分了。"

"那你是怎么回应孩子的呢？"

"我跟他说，让他下次也努力考好一次！孩子又一脸不耐烦地走开了。"

　　听到这里，我不禁扼腕叹息。孩子难得与家长分享一次自己的感受，家长却没有抓住这个难得的机会，与孩子一起分享感受、分析问题，从而找到引导和激励孩子学习的方法。

　　这位妈妈继续诉说着自己的焦虑与努力："我其实也专门打电话问过这个女孩子的爸妈，他们是通过给孩子买练习题，让孩子多做题把成绩提升上去的。但是我家孩子他就不爱做题，我之前几个学期给孩子买的练习册，都是一个字也没有写过。我问他为什么不做我找的练习题，孩子都是一句话，'老师又没有布置，我为什么要做？'"

　　我一直在劝说这位年轻的妈妈，"孩子才二年级，不要给孩子太大的压力，否则容易让孩子形成不好的自我预期。我建议她一定管住孩子使用手机的行为，把这作为家里的一条红线，并要求孩子，没有按照事先的规定完成学习任务时，不许做他想做的事情。同时，可以给孩子先买一本课外书，让他坚持每天读个四五页，这样长期坚持下去，就能培养起孩子的阅读习惯，同时也让孩子多到图书馆来安静看书、练字一段时间，他看到其他小朋友、小伙伴都在读书练字了，他也就会跟着一起学习了。"

　　"你说我和孩子他爸早起贪黑做生意、忙工作，其实不也是希望给孩子创造好的条件嘛，要是孩子不爱学习，我们忙着还有什么盼头呢？"这位妈妈再次感慨道。

　　我将她送出侗见楼时，门外的夜幕下，已经下起绵绵细雨。

　　望着密集的雨线，我心情沉重。村里孩子对手机的依赖已经越来越严重，七八岁的孩子已经像大人一样，玩手机玩到深夜一两点。

　　因为孩子哭闹，就把手机扔给孩子，是家长对孩子最大的纵容。通过手机来哄孩子，其实是非常有害的，因为孩子发现只要哭闹就能得到自己想要的东西时，他就会一再以哭喊为手段来得到他想要的东西。在此之后，要对孩子的意志加以驯服就太迟了，不断满足孩子任性的要求，只会败坏孩子的心志和自律。面对孩子的哭闹，如果大人置之不理，他们自己就会厌倦，最终会停止哭喊。

　　说白了，孩子的哭闹常常是为了争取对某样东西的控制权，孩子通过给整个屋子带来令人不快的噪音，公开宣告他们对成人没有满足他们欲望的抗议。一味地迎合孩子，将使得孩子无法克制自己的欲望。

　　要能管住孩子，家长们需要在孩子还很小的时候，就树立起自己应有的权威，让孩子对父母怀有敬爱之情，这样才能驯服孩子。等孩子渐渐长大，再逐渐接纳父母成为孩子的亲密朋友，孩子就会发现，父母先前的严厉只是为了他好，只是为了关心他，这样一来，先前的严厉约束反倒是能够增加子女对父母的爱戴。

　　然而，从村里的状况来看，大部分农村家庭恰恰相反，在孩子小的时候过度放纵、过度溺爱他们，等到他们逐渐长大，又对他们严厉起来，反倒是激起了孩子的反叛。

　　与老一辈人将多生一个孩子当作家里多一个劳动力的观念不一样，在少子化的时代，孩子是农村大多数父母的盼头，在村民对好日子、好生活的理解中，孩子的教育占据了大部分的空间。在这些背井离乡外出打工的村民眼里，孩子的教育是农村家庭最大的希望，让孩子上好学、搞好学习、考上一个好的大学，至少家里种田和打工的代际传承就结束了。从这个意义上来看，城乡之间真正的连接途径是教育。

　　因此，关心农村孩子的教育，也是真真正正地关心村民的急难愁盼。

网络文化侵蚀下的童年

11 月的怀化市，阴雨绵绵，加之寒潮来袭，周日的清晨格外地冷。早上开门时，房间的门框和楼层的木地板摩擦着，吱吱作响。我担心吵到还在休息的阿叔阿姨，轻轻把门抬起关上，但还是不经意发出了声音。

后来，我询问少锋哥才知道，原来这里的木质楼板，每到雨天便会因为水分含量太高而膨胀起来，所以才会出现开门关门时门框与地板紧密摩擦的现象，而等天气干燥时，又会因为木板干燥收缩，而在门框与地板之间漏出缝隙。这种干湿差异，让侗家的楼房也显现出这种明显的变化。

尽管天气阴冷，两个小男孩还是早早地来到了图书馆，看着他们在认真地翻阅书籍，望着窗外疏疏落下的小雨，我心中泛起一丝暖意。

我特地从图书馆的角落里挑出了一本插图版的《山海经》，递给两个孩子，两个孩子迫不及待地要从书里寻找九尾狐。这大概是来自对电视剧的印象。孩子们认真地翻着。只是大概看了十五分钟以后，两个三年级的小男孩便再也看不下去了，非要拉着我给他们出数学题。

我给孩子们出了一些数学题，只是希望他们能够静下来，在图书馆专注地做一些事情，但是我不能一直给他们出题，因为他们更缺的是阅读而不是做题。

我让两个孩子安静地坐下来看半个小时的课外书，可是孩子们十分不乐意。其中一个孩子扭着身子，转过头来，极不情愿地对我说："老师，我不想看书，我也不知道为什么要读书！"

另外一个瘦一点的男孩立马回应说："读书就是为了做打工人！"

"打工人，打工魂，打工人是人上人！"两个孩子一起有节奏地喊了出来。

在我还没有来得及追问他们俩时，两个孩子已经害羞地跑下楼去了。

两个三年级的小孩，认为读书的目的是成为打工人，而且能够抑扬顿挫地背诵出互联网丧文化之下对"打工人"调侃的段子。这件事情如同一记闷棍，打在我的心上。我猜想孩子们一定是经常看手机里的短视频，才对这些嘲讽和调侃的段子心心念念、记忆深刻。但是这么小的孩子，竟然对读书的意义是这样理解的，互联网上的某些思潮和流行文化如此深入地侵蚀到孩子们的心灵，让我惊愕。

我不禁想起自己的童年时代，对大人的世界、对流行的文化，从来是一无所知，接收外部信息的窗口就是电视机，最让家长担忧的也不过是会看几集武侠连续剧和言情剧。但对读书的信仰，就像坚信每天脚下走的路一般，从来不会怀疑它会塌陷。当这个社会将辛勤奔波的人，从社会主义的劳动者调侃为打工人的时候，我实在不曾想到，这些话语会在二三年级的孩子心中留下痕迹，尽管我不知道这对他们来说意味着什么，会产生什么影响，但我却清晰地看到了流行文化侵蚀下的童年。

这恰恰是这个时代对读书、受教育理解的窄化。在家长的眼里，关注的是孩子能不能取得一个好的成绩，考上好的学校，找到好的工作，成为人上人，所以家长不关心孩子学到了什么，只关心孩子考多少分、排第几名。父母在乎的不是孩子过得好不好，他们只是想方设法督促孩子不断学习，想让孩子"鲤鱼跳龙门"。但是，他们忘了，要把孩子培养成一个"人"，一个人格健全，懂得发现自我、探索自我、追求至善的人。康德说："人只能是目的而不是工具。"孩子们反感一些强制式的学习，恰恰是因为这些学习首先关注的是如何把学习作为服务某种目的的工具，而不是关注孩子人格、性情和兴趣爱好的发展。

学习当然不仅仅只是为了成为市场上某个合格的劳动力，学习很重要的一点就是让人在接受教育的过程中，发掘自己的潜能，不断成为一个更好的自己。

两个小男孩跑下楼后，两个懂事的二年级女孩又相约来到图书馆。我让她们通过默写古诗词来练练字，两个女孩很高兴地答应了下来。看着她们在九宫格练字纸上一笔一划地默写着王之涣的《登鹳雀楼》时，我刚刚被打工人段子冲击的心灵总算是有些平复。不承想，正在默写古诗的小女孩，突然抬起头来对我说："老师你有女朋友吗？没有的话你就是单身狗！"她甚至特地在旁边的草稿纸上写下了"单身狗"三个字。当"单身狗"三个字从一个二年级的小女生口中突然蹦出时，我又是一惊。

我非常耐心地问她们从哪里学到的这个词语，为什么要这么问。

两个女孩子告诉我，她们在快手里听到过很多次。学校里，同学们之间也是这么说的，没有异性朋友的都叫彼此单身狗。一个描述成年人择偶焦虑的词汇，又再次通过手机传递到了七八岁孩子的脑海里，且成为他们经常使用的一个词汇。这再次引发了我的一丝悲凉感。

网络流行文化对低龄儿童的影响，竟是以这样一种方式冲击了初来乍到的我。

如今，互联网正在使农村和外面的世界联结起来，前所未有地改变着乡村的生态，但是，我们致力于建设的网络强国、数字中国、智慧社会，绝不是让孩子们整日抱着手机打游戏、看短视频，从三四岁就养成严重的屏幕依赖，而是应该引导孩子通过手机和互联网看到更大的世界，学习丰富的知识，避免孩子们沉浸在游戏和短视频的快餐文化里不能自拔。

一整个上午，尽管我努力让孩子们静下心来，找本自己喜欢的图书阅读一下，但是最终收效甚微。孩子们只是在喋喋不休地等着我给他们每个人出数学题。我对孩子要做的是引导而不是领导，我不能把自己变成一个不断出题、让他们不断解题来获得我认可的权威。那样的话，和学校里的应试教育没有任何区别。尽管背古诗和练字是一个不错的方法，但是写出三首古诗之后，孩子们便再也没有任何耐心继续写下去了，只留下一桌子胡乱摆放的纸张和钢笔。

当没有数学题时，男孩子们都聚在一起玩大富翁，女孩子们都聚在一起拿着水彩笔和铅笔随意地画画。图书馆的运营人菜菜说，给孩子们寄来大富翁，是要给他们补上财商教育。我当然不同意，在孩子们这里，大富翁只会变成另外一种形式的奥特曼卡片。孩子们争先恐后地彼此竞争着，然而财富和商业的教育绝不仅仅是攀比和竞争，他们需要家人的引导，认识规则和契约，树立自己的财富观。

那么，对于女孩子画画呢，她们其实只不过是随意地画着，但由于我对美术认知很少，不能在技术上给予她们有效的指导。我不相信所谓尊重孩子的天性和创造力，就是让他们自己去胡乱探索。如果有人引导，他们自然能够找到通向创造力的大路，但是如果只是按照目前的模式随意地涂写和乱画，收获的只不过是一堆涂鸦而已。乡村的教育资源，也只能如此。父母一辈都没有引导的意识和能力，学校也不过是完成预定的教学任务，并通过纪律驯化出听话的孩子罢了。

下午，一个二年级孩子的妈妈到图书馆来给孩子送衣服，还简单和我聊了几句，离开时对孩子说："你一定要听老师的话，有什么不懂的一定要问老师！"年轻的妈妈走后，她淘气的儿子显然懂事了许多，能够安安静静坐下来。我给他找了一本带有拼音的图书，孩子最终能够安静地坐下来和我一起看书。

下午快5点时，我邀请孩子们和我一起收拾、整理图书馆，孩子们显得非常兴奋，争相拿着扫把、抹布、拖把，在图书馆里奔跑跳跃，我给孩子们进行了简单的分工，让他们先整理书籍和文具，再把纸屑都放到垃圾桶，随后把地面扫干净，把书架和桌子都擦干净，最后把地也拖一遍。

孩子们都打扫得极其认真，努力把凳子拖开，然后仔细地打扫每一个角落，其间也伴随着几声欢呼。他们热情高涨、手脚灵敏，只用了二十多分钟就把图书馆打扫干净了。我又邀请孩子们打扫了一楼，原以为孩子们会不耐烦，没想到他们还是拿着工具，非常热情地参与到了一楼的打扫。看着他们瘦弱的身躯，拿着笨重的扫把和长长的拖布，在桌椅之间灵动地奔跑跳跃着，我突然间觉得，乡下孩子对劳动的亲近是如此的特别。他们能在打扫卫生中获得如此的喜悦，这喜悦不管是来自集体的协作，还是来自孩子们爱动的天性，能在劳动中感受到乐趣，本身也是值得引导的，只是应该引导向哪里，我还在思考。但目前，带着孩子们一起收拾打扫图书馆，让他们感受到这里是集体的场所，是公共的场地，应该一起清洁，共同爱护，让他们有公共的参与意识和爱护意识，这至少是我目前能够做到的。我努力让孩子们在这个过程中懂得：自己的事情自己做，他人的事情帮着做，公益的事情争着做。

在乡村振兴的宏大叙事里，在这个三省交界地带的小山村里，孩子们一起埋头算数学，静坐默古诗，嬉笑着画画与做手工，晚间再一起开心地打扫这个乡村图书馆。如果这是乡风文明的一个小小注脚的话，我想，这里正在悄然发生着变化。

谁碰了孩子的餐桌

又是一个周五，转眼已到 11 月底。少锋哥又去镇政府开会了，只剩下我和阿叔、阿姨一起吃饭，我们都在感慨，这周少锋哥有四天都在开会。

我突然想起，四年前，我孤身一人前往内蒙古赤峰的一个乡镇做关于乡村旅游的田野调查时，认识了一位老村主任，他每周都得骑着自己的小摩托，风尘仆仆地跑到镇政府开例会。我记得那是一个山区的村子，离镇政府有好几里的山路。他用那辆破旧的雅马哈摩托载着我，吹着夏日的风，在山间穿行，赶了一个多小时，才到达镇政府开会。

后来，我将这件事写进了自己的调查报告《一个田野学徒的雄心与现实》中。老师们看到以后，对于村干部定期要到乡镇开会的情况感到非常惊讶，都认为这是村干部在走向行政化的一个体现。四年之后，世事流转，少锋哥一周内就到上级政府开了四次会议：县政府一次，镇政府三次。还有三天是在迎接检查中度过的。这让我想起，我遇到少锋哥的第一天，恰恰也是少锋哥到县里政府单位开会的一天。国家政权建设的力量和速度，以前所未有的趋势在向前推动，向下延伸。

周六一清早，少锋哥的小表弟就来到了家里。孩子非常能干，一进家门就拿着锅和铲子做起了早餐。我看着他有点瘦弱，就说："炒饭里你记得多放两个鸡蛋呀！在学校学习那么辛苦，得多补充些营养。"小表弟腼腆一笑。

听闻小表弟今年上初三了，我便问起学校食堂的伙食如何。早餐桌上，这个初三的学生，给我倒起了一锅锅的苦水。

"我们学校的食堂，简直是有苦难言呀！领导来检查的时候，他们让我们吃鸡腿，领导不来的时候，就让我们吃一些酸豆角之类的菜，有时菜炒得还不熟。但又没办法，因为饭钱已经交了，不可能退回，就只能硬着头皮吃了。后来，我们好多同学平时干脆直接吃泡面了，搞得学校旁边卖的泡面一直涨价，其他地方卖四块的泡面，他们竟然卖六块。"这个朝气蓬勃的初三学生，在这样一个阳光明媚的清晨对我说出这样一番话，倒是震惊了我。

"菜炒得不熟，没法吃，你们难道就不知道向学校反映一下吗？"我好奇地追问。

"我们也反映过，但是没用呀！学校就会打哈哈地说知道了，后续也没有什么改善。毕竟人家食堂老板后面有关系，也不可能把他换了。人家才不在乎我们呢！"一个初三的学生，十分肯定地和我说起"人家后面有关系"的时候，我还是有一点惊讶的，但我并不想作太多的判断。

近年来中小学食堂改革的一个重要的变化，就是取消了各个学校的自主权，很多地方都通过区县一级统一招标相应的公司，向各个学校配送营养午餐。

这其实与国家实施农村义务教育学生营养改善计划有关，并且计划中一再强调学校食堂要坚持"公益性、非营利性"的原则。国家政策的初心是非常好的，但是在执行过程中，农村中小学生的营养餐，有时便成了牟利的生意。我不喜欢随意揣测任何招标背后是否有权力的寻租，我更认为这是一个约束监管机制变化中出现的问题。

说来，我求学和从军的三个阶段，都与食堂打过无数次的交道。我2007年上初中时，学校的食堂是学校自己招标的，两家食堂都和学校的领导很熟，这是全校众所周知的事情，但是他们必须得对学生负责，因为学生出了任何问题，学校直接向他们问责。为了能够长久经营下去，食堂经营者也都尽心改善伙食，毕竟是两家对门竞争，这家不好吃，服务态度不好，人家就换另外一家了。记得有一次，我们宿舍几个同学吃了几个土豆泥做的油炸粑粑后，拉了一夜肚子。我当时还是班里的班长，第二天早读时，我和宿舍的室友都没有爬起来上早读，我们数学老师就来到男生宿舍，向我们了解情况，我如实反映了。当天上午，这件事就被反馈到了学校领导那里，店家也赶紧检查食物的原材料来源和制作过程。当时，店家也坦承，估计是使用了炸其他干菜的油，才导致了这一情况的发生，并表示后续立即整改。尽管这个事情也没有其他下文了，但是两家食堂竞争，让学生投票，以及对学生反馈的迅速回应与坦诚交待，包括来自学校的约束，都在一定程度上保证了我们那一批人青春期成长的营养需要。现在想起，初三那年的我，曾经一口气吃下过两斤四两的大米饭，真是让人难以置信。

到了高中时期，我所在的学校食堂从原来的四家供应变成了三家供应。记得高三那年寒假补课时，只有一家食堂供应三餐，因为第二天就要放假，那天晚餐，食堂竟然只做了三分之一的饭，致使那天学校旁边的小餐馆里排满了学校的学生。一气之下，我就带头把这个事情反映到年级组长那里，年级组长也十分认真地和商家进行了沟通交流，但是考虑到商家如果做多了，容易导致饭菜的浪费，自此就建立了一个放假前统计就餐人数的制度。在这里，只有一家经营的弊端显现了出来，在商业利益的驱使下，商家几乎已经不再考虑学生的就餐问题了，但难得的是校方能够及时地与商家沟通，毕竟这是校方自己选择的商家。

但是，我还是不得不说，无论是我初中还是高中时期，都拥有到校外就餐的选择自由权。无论是学校里的小卖部还是学校外面的小餐馆，都能够作为食堂的替代性选择。

那么，我们回过头来看小县城学校食堂的问题。改革的实行、学校的严格管理，使得学生失去了享有替代性选择的自由，他们只能在食堂吃，一方面是因为钱已经交了，另一方面也在于，这些乡村的寄宿学校是不允许住校的孩子随便外出的。同时，由于是上级部门统一招标，学校很难对商家进行有力约束，因为服务的购买方是学校的上级主管部门，学校会认为自己无法改变而失去反馈的积极性。管理权的上行和集中统一，造成相关部门监管的困难和信息反馈的层层阻隔，导致学生们的声音难以被听到。

所以，孩子才会说"领导来检查的时候，让我们吃鸡腿，领导不来的时候，就让我们吃一些酸豆角之类的菜"。

当食堂餐饮的招标管理统一向上集中时，本质上是形成了一种行政机构的统一管理，在这种情况下，行政机构便有了更多的监管责任和义务。如何通过建立良好的信息反馈机制，实现有效的监管和互动，真正让这些长身体的孩子、这些正在努力学习知识的孩子，吃到健康、营养、满意的三餐，让政策的初衷落实到地，把好事办好，仍然是一个值得注意且亟须探索的问题。

乡村孩子的野性走向何方

　　今天，孩子们只在图书馆里看了一会儿书，就跑到操场上打篮球和羽毛球去了。看到孩子们能够在运动场上奔跑、跳跃，我当然是很高兴的，体育运动在一个人的成长和人格形成中是至关重要的。但是我转念一想，那也许是我们把孩子的成长做了中产阶级的同质化想象。

　　这些乡间的孩子，他们在田间地头、山野树林里奔跑跳跃，运动量其实已经足够了，一天打三四次篮球对于他们来说，已经没有多大的意义了。也许，他们更加需要的，是安静地坐下来，专注地做一件事情，特别是安静地坐下来看看书、写写字。然而，现在能够让他们安静下来的，竟然是手机游戏和短视频，这不是一种安静，而是一种对于互联网世界的短暂沉迷。我所说的安静，是那种有力量的专注。不同于城市的孩子，乡间孩子的"动"已经过于充沛，且又过于喧嚣，他们最缺的就是能够安静下来，或者说静下心来。来村里之前，负责图书馆前期运营的菜菜就曾对我说："乡间孩子，总有一种难以驯服的野性，他们总是在图书馆里奔跑跳跃，更是会时不时地尖叫吵闹，把那里变成灾难现场。"

　　我一开始不以为然，因为我一直认为，城里的孩子才是最可怜的。有一年，我到乡下调研，看到村里广场上树立起高高的木质秋千，城里的孩子根本不敢上去玩儿，反倒是乡村的孩子一点都不怕。因为村里"放养"的孩子受到的约束更少，所以他们什么也不怕。城里的孩子从出生就受到太多的关注，受到过多的规则束缚，所以他们很自然地知道应该害怕什么，他们可以从家长的表情和没有明确表达的态度中感受到外人的判断和偏好。我记得当时看到几个孩子一起到河边的一片沙土地上，城里的几个孩子到沙土地上都不知道玩什么，因为他们已经被格式化了。驻村一段时间之后，我仍然认为，心无畏惧、敢于突破也是孩子的天性，我们过度的规训也许就磨损了孩子的创造性，让孩子畏首畏尾，难以冲破社会既有的规则。

　　然而，下午和三个初中孩子的聊天却全然改变了我长期固守的想法。

　　阳光照耀的午后，我和三个年轻的初中孩子——一个男孩和两个女孩，在图书馆外的楼道栏杆处聊天。我仔细地询问着他们在学校的日程安排和各科学习。三个孩子都在反映，镇里的中学，能够考上高中的，一年也就那么几个，大部分同学要么去了职高，要么早早地就去了厂子里打工。所以，上课时将近三分之一的时间是老师在维持课堂纪律和秩序。每次上课，上个十多分钟，老师的讲解就被学生的打闹给打断了。而几个愿意听课的孩子，只能选择坐到第一排或者是第二排。这次期中考，他们班有门课程就因为是新来的老师，经验不足而且无法维持课堂纪律，导致教学进度落后，全班平均成绩排在了年级的倒数第二。

　　其中一个女孩子抱怨道："也不知道这些同学怎么想的，他们自己不愿意学也就罢了，也没人强求他们，关键是他们还带坏全班，拖累了所有人。"话语中满是无奈。

　　聊天期间又来了一个读高三的女孩子，这个女孩尽管成绩一般，但也是个好学的学生，同样表达了对课堂纪律的无奈，所以，一上课她就选择坐到第一排。

　　我和他们的聊天，如傍晚溪边的河水流淌着。侗见楼下，几个小男孩骑着自己的自行车，从巷子里突然窜出，又迅速消失在广场。

　　我是从云南小城的乡镇初中一步步考入大学的，在我与孩子们交往的过程中，我总是尽可能地带着对孩子们的理解，将他们的生活、想法，与十多年前的我进行对比。我来自农村，也对农村的小学、初中有一些了解，毕竟那是我亲身经历的命运变迁与时代流转。

　　我记得，我上初中时，班里能考上高中的也就是五分之一的人，但是那些学习不好的同学，都有一个共识："我自己反正是学不下去，但是我要给那些学得下去的同学创造环境，说不定他们哪天出息了，还能帮我一把！"所以，我们班里那些对中考不抱希望的同学，主动选择坐到教室后排，埋头睡觉或者安静看小说，很少扰乱课堂秩序，老师也不必花费太多的精力来维持秩序，直到今天我都感念那时同学之间的彼此理解。但我在这里的孩子身上，却鲜少看到这样互相成就的风气。

我开始想，我们的媒体平时用了太多"尊重孩子个性"的辞藻来表达对教育的看法，但这些乡下的孩子，他们缺的恰恰是纪律的规训。因为如果没有纪律的规训，在他们还小的时候，就已经在功课上落下了，他们中大部分的人都没法升入高中，更遑论升入大学。他们还没有到要激发创造性的阶段，毕竟，那是中产和精英阶层对自己孩子的要求。因为这些孩子很小的时候，就得到了受过高等教育，且长期陪伴在身边的父母的文明规训，这样的孩子足够安静，有时安静得甚至压抑。城市的孩子，缺的恰恰是那股需要激活生命力和创造力的野性。而这些乡间的孩子，则恰恰相反。父母早早地离开他们外出打工，爷爷奶奶带着他们只是保证他们"饿不着"。其他的，我们已经无法苛求。我们常说的"养育"，在他们这里，只有"养"，而远远谈不上"育"。

孩子们在一种"近乎放养"的状态中成长起来，在乡间未曾得到有效约束的野性，让他们枝蔓疯长、杂草丛生，他们需要的恰恰是修剪与培育。而且，对于一个农村的孩子来说，他更多的选择是被规训，然后获得教育的资源和机会，才有后续考虑创造性的阶段。不然，早早地掉队而投入打工的浪潮，会让一切都无从说起。

说得残酷一点，教育对于不同阶层，其实是有着不同目标的。对于一些家庭的孩子来说，也许被规训，成长为一个被驯化的、这个社会需要的标准化熟练工种，就已经是实现了自身的流动与社会阶层的跨越。创造性层面的东西，需要遇到合适的环境与土壤，可遇而不可求。

秩序与纪律，本来就是社会得以运行的基础。所以康德说："教育其实是从养育到规训，最后是塑造的几个阶段。而规训才能把人的动物性转变为人性。规训是否定性的，教导是肯定性的，两者必须结合起来。"孩子们刚刚进学校时，首要的目的不是学习知识，而是能习惯静坐，严格遵守事先的规定，以便将来不是随便想到什么就去做什么。如果一个孩子在幼年时，就被放任自流不加约束，孩子就会终生保有某种野性。那些从小被父母娇生惯养的人，一旦进入社会，就会受到各种挫折和打击。在公共生活中，孩子们必须被教导通过了解别人的权利和感受，来认识到自己行为的限制，孩子的行为必须按照某种准则来进行，而不是被某种随心所欲的欲望所驱动。

毕竟，一节课上，当孩子们接连迟到，站在门口挨个报告进入教室后，一看表，你发现竟然已经过去了十分钟。讲课途中，总有那么一些孩子，时而嬉戏，时而吵闹，时而向空中扔出几个"不明飞行物"，使得讲课时断时续，几近无法开展。那一刻，也许孩子们心里的龙虎已经再难被降服，而留给他们用于专注学习、继续迈入下一阶段的时间，似乎已经不多了。

孩子的"小黑屋"

　　愁云惨淡的周六中午，难得和附近几个学校的五位小学老师一起吃饭交流。一位帅气的男孩加上四位年轻的女孩，我们围坐一桌，讲述着那些表面云淡风轻、实则激流暗涌的见闻。

　　他们五个都是刚刚从师范院校毕业的学生，今年刚刚参加工作，不过才二十出头，但却已经走到讲台上给孩子们讲课了。他们都生在这里、长在这里，大都在家人的劝说下选择读了师范院校，四年师范时光结束后，又回到家乡所在的农村小学教书。

　　我们几个合力做完午饭后，烤着温暖的炭火，边吃边聊着各自的成长故事和刚刚工作时的烦心事。

　　他们是 2000 年左右出生的一批人，出生并成长在民族文化受到重视的年代，从而能够从小学开始，就在宣传民族文化的大潮中，学习到一些具有民族特色的歌曲和舞蹈，从而有了一定的艺术基础。考虑到家庭条件、就业稳定性等各种因素，他们都遵从家长的意愿，去到了师范学院。师范学院的教师都是在教他们如何来教学生，而忽略了文化知识的传授，这使得他们在面对各种各样的考试时有点力不从心。比如，满足职称评定的各种英语考试、计算机考试。

　　在十六七岁的年纪进入管理严格的师范学院，他们感受最深的，是学校对男女生之间恋爱的禁止。每天都能看到老师到各个角落去找谈恋爱的年轻情侣，学校甚至为此定下规矩——举报一对情侣奖励三千元。幸而，这样的举报从来没有发生过，大家只是在彼此见面的时候开个玩笑，打趣地说："小心点哦，可得好好对我，三千块呢！"

　　毕业前，一个男生在操场当着一大群同学的面，对着自己心仪的女孩告白，尽管收获了女孩的芳心，却也在临近毕业的前几天，收到了学校的处分。青春的记忆里，少不了这样的故事，他们毕竟都还是风华正茂的年龄。

　　毕业后，尽管年龄还很小，他们却已经进入学校开展教学工作。女孩子开始面临各种各样的相亲介绍，人生进度条仿佛一下子快进了好几倍。每天阅读的，也不再是校园里那些男男女女的爱情八卦，而是山区孩子们日记里辛酸的讲述。

　　五个人普遍反映，随着这几年财政部门对乡村教育基础设施投入的增加，各个中小学校里，图书室、电脑室、科学室、绘画室、乐器室、练舞房都越来越齐备，学校里都可见到钢琴、吉他这些乐器。尽管硬件越来越好，但是能教这些东西的师资却严重不足。尽管现在从上到下都在提倡美育，但是对于乡村小学来说，美育还远远没有排上日程。

　　"我们学校有一个专门学美术的老师，但是根本不可能让他去给小孩子教美术，因为教正课的老师都还不够呢。学校安排他去教一个二年级的语文，一个三年级的数学，还教了一个六年级的语文。"其中一位年轻的女老师笑着说。

　　"一个老师跨了三个年级，教这么多课程吗？"我好奇地追问。

　　"那可不，工作压力可大了！还不只是上正课。你看我们这边好多学生因为家里离学校太远，都寄宿在学校，按照要求，我们每天晚上还得辅导这些学生上晚自习。由于寄宿的学生来上晚自习了，不住校的学生也一起跟着来上，因为得一视同仁呀，我们每天都得忙到晚上 8 点半。说真的，作为一个乡村教师，备课、改作业、守自习，除了上课时间，其他时间也全是事儿，要不是因为有寒暑假，我想没几个人愿意去做老师。"另外一个年轻的女老师非常肯定地说。

　　"现在咱们这几个村子的留守儿童真的是越来越多了！"聊到孩子们寄宿在学校的生活时，不知道是谁先开口说出了这句话，由此打开了大家的话匣子。

　　"我带六年级一个班的美术课时，让孩子们画一下家里的房子。其中一个孩子在用笔勾勒完家里房子的轮廓后，把房子的墙壁和屋顶都涂成了黑色。我问他为什么这样涂，他说自己每天回到家，什么人也没有，爸妈一年到头也就回来那么几天，自己看到的家全是黑漆漆的一片。"其中一位教师率先讲起了让自己印象深刻的一件事。

　　"我们班里的一个学生，爸妈也就是过年前后才回来几天，平时都是爷爷奶奶带，但是爷爷奶奶也不管，小男孩字写得非常难看，和鸡爪扫过的一样，根本看不清写的是什么。有一次我就和孩子妈妈说了一下这个事情，他妈回来陪了他一个月。一个月之后，这个小男孩的字写得简直和小女孩的一样，工工整整，字迹娟秀。短短一个月，简直让人难以置信。但是等他妈妈走了没三天，小男孩的字又变回了之前鸡爪痕迹的样子。妈妈在和不在身边，差别就是这么大。"旁边的另外一个老师分享起了自己的观察。

　　这时，来到桌旁加入我们聊天的村小的李老师则又说起了另外一件事。

　　"有一天，我上课教孩子们认字和造句，学到了'只'字，一个从来不回答问题的男孩子，立马站起来说：'老师，这个我会，我来造——我只有爸爸，没有妈妈。'他说完，全班同学都惊讶地看着他，都在说你怎么没有妈妈，你妈妈不是那谁谁谁吗？还好我知道他不是来自单亲家庭，我也认识他妈妈，就问他为什么要这么造句，小孩立马就说：'我妈妈一年就回家几天，平时我都看不到，所以我没有妈妈。'我们听完都非常惊讶。"从教十多年的李老师也不禁感叹："留守儿童真的太可怜了，而且非常容易学坏，这可怎么办呀！"

　　午饭过后，我们几个沿着田野，向河边的图书馆走去，在广场上玩耍的孩子，看到自己学校的老师过来，都纷纷尖叫着躲到巷子里去了。村里的孩子，大部分都还是如此害羞和怕生，好在几位年轻的老师，打起了腰鼓、弹起了琵琶，并跳起舞蹈，引来了孩子们的驻足。

　　周六的下午，年轻的老师们在翩翩起舞，孩子们静静地看着老师们，这是多么美好的画面呀！

镜头下的感恩

就在大家都说这个冬天是暖冬的时候，寒潮即将来袭！

1. 密切联系的代价

雨雪天气将在周日、周一到来。又是一个周六的下午，负责联系村里的各级干部又纷纷来到村里，一起帮着检查工作。从政协的刘主席，到房管局的李局长，再到镇里的几位干部，周六的村庄可以看到各级干部的身影。

边远农村的工作，其实一直都面临着诸多的矛盾。首先，在距离上，县城的干部来到村里，一次来回，花在路上的时间就是两三个小时。这对于大城市通勤时间较长的上班族来说可能没有什么感觉，但是在普通小县城里，开车两三个小时，而且大都是曲曲折折、颠簸不平的乡道和村道，这个距离在感受上就很长了。上级干部下来一趟，至少耗费半天，大部分时候则是耗去一整天。那么这些身处各个条线上的干部，很多本职工作可能就得往后延一延。其次，上级的干部来到村里时，即便村里干部已经忙得不可开交了，也得找个人陪同走访一下，不然，既是对上级领导的不尊重不重视，也会导致上级领导干部在走访过程中缺乏介绍相关情况的向导。但是，基层农村的工作千头万绪，而村干部就那么七八个人，他们经常得放下手头的工作，陪同介绍走访一番，最后工作只能放到晚上加班来完成。最后一个问题便是招待问题，有时联系村里的上级单位下来帮助开展工作，由于路途遥远，附近又没有餐馆，到了饭点就只能安排他们在村里的食堂吃饭。但是村干部家大都离村部不远，平时其实是回家吃饭的。所以每次上级政府的人下来检查工作，提供饭菜也会牵扯不少精力。

尽管有这么多的矛盾，但是毫无疑问，这种通过上级党政机关干部联系乡村的制度，无疑具有其制度优势。一方面，它的的确确密切了党员干部和人民群众的关系。上级领导干部时常来到村里，走入群众家里，关心群众的柴米油盐和急难愁盼之事，对于增强群众对党和政府的信任与支持，无疑具有很大的帮助。另一方面，上级领导干部不断深入基层，也使得上级政府更加了解基层的难处和艰辛，从而在政策的设计上也更富有针对性。

不过，这样的做法，是以一种打破现代科层制的方式来进行的。现代政府的科层制要求的是层级分工，各司其职，并追求专业化的行政。但这种定点联系、频繁下访的方式，在密切层级之间沟通的同时，也还有诸多值得我们思考的地方，还需要我们不断探索、不断完善。

2. 比以往返乡更早一些

起初还是淅淅沥沥的小雨，渐而变成了雨水中夹杂着雪花，最后则是纷纷扬扬的大雪。由于雪天道路结冰，孩子们停课放假了两天。

孩子们已经快两年都没有见过下雪了，他们在图书馆前面的广场上奔跑着、追逐着，不时抓起一把雪扔向彼此。小男孩们跑到图书馆来，咚咚咚敲我房门，邀请我打雪仗。零下两度的雪天，可孩子们却一点也感觉不到冷，从一片雪地奔向另外一片未被踩踏过的雪地。

几个男孩子轻轻伸出舌头，尝了尝落在农用车上的雪，开心地尖叫着。

"这雪是什么味道？"我问孩子们。

"就是好吃，老师！"

"很爽呀！"

孩子们高兴地尖叫并回答着，又迅速奔向下一片雪地。

几个小时以后，孩子们在雪地里玩累了，鼻子和耳朵冻得通红，跑到图书馆来暂时歇会儿，我给孩子们打开取暖的"小太阳"，暖风吹到孩子们脸上的时候，涌出一圈圈醉人的红晕。

村里的黑色瓦砾屋顶，此刻全变成了白色。白色屋顶下，更多是一些三三两两聚在一起的年轻人。我原以为是在县里工作的人也不上班，因而回到了村里。但是带小孙女来图书馆玩耍的阿姨告诉我，由于今年生意难做，很多在外打工的人，年底其实都没有活了，南方很多省份也遇到寒潮，所以很多人都早早地回来了。阿姨还以自己家里几个青壮年的情况和周边几家年轻人的想法为例，给我解释了一下。

距离过年还有一个多月，经济形势、寒潮以及变幻的疫情，都让在外打工的人们选择早早地回到村里，生怕临近过年时再因为有疫情而无法回家。

大雪覆盖的屋顶下，一家家烧起红通通的炭火，人们围坐在一起，暖起一壶酒，炒上两碟腊肉，既享受着难得的雪天，也在一起抵御着这刺骨的严寒。

家里边，由于下雪无法外出做活的阿姨，照着抖音上的视频教程，用塑料包装带编起了花篮。半厘米宽的各色带子，从阿姨灵巧的双手间穿过，彼此交织，才仅仅一天，阿姨就已经编好一个花篮。

我发自心底地赞叹："阿姨，您的手真是太巧了！"

"这几天下雪，哪里也去不了，我就恰好学学编这个篮子！"阿姨脸上笑得如同五月的海棠花开。

下雪的第二天，阿姨已经在学着给花篮搭配颜色和编制纹理了。路上，我遇到几个孩子，他们欢快地告诉我，他们的爸爸妈妈马上就要回来了。

我在图书馆写着论文，手脚越来越冰凉，只得打开"小太阳"来取暖。尽管已经开到最高档，"小太阳"的发热管烧得通红，屋子里依旧暖和不起来。主要是因为木质房子到处透风，暖空气根本就循环不起来。不得不说，在农村最好的取暖方式确实是烧炭火。为此，村里的干部们拿上村里存储的无烟炭，给村里的孤寡老人、身有残疾之人一家家送去，既是给他们送去取暖的好材料，更是去探望一下大雪天里他们生活上是否一切顺利。

熬了三四天之后，大雪终于停了，气温开始回暖。雪化后的雨珠，捻成线、穿成帘，滴答滴答从屋顶落了下来。冰雪消融的同时，六七个孩子已经急不可待地拉着家长来到村里的图书馆。我给了他们一人一个新的玩具，同时也递给了他们一人一本书。孩子们玩了一会儿后，都在家长的陪同下朗读起了书里的故事，图书馆里瞬间传出阵阵读书声。在橘黄色灯光的照耀下，图书馆暖意渐起。

我拍了一段现场视频发到群里，并配上了一句话："值此寒旅，以抵群星。"

3. 慈善捐赠以及引发的思考

冰雪消融后的第一天，县里交通局的几位交警来村小学给孩子们宣传交通安全知识，并给孩子们送上带有交警服荧光材质的书包，再把头盔送给前来接孩子的家长。当交警们走进教室的时候，深深惊了一下："原来是这么小的孩子！"

讲解知识的女交警问坐在下面的孩子们："小朋友，爸爸妈妈平时都用什么交通工具接你们呢？"

"我们的爸爸妈妈都不在家！"

"都是爷爷奶奶来接我们！"

……

台下，这些刚才面对提问十分沉默的孩子，此刻竟然都争着回答问题。提问的交警也许在心底里默认了接孩子的大都是爸爸妈妈，所以问题顺口就出来了。就像我们的图书、自媒体文章、知识付费课程里，绝大部分关于育儿的内容都是写给父母的，都是在告诉父母如何带孩子、怎么教育孩子，但现实却是，中国有几百万的留守儿童，大部分都是由爷爷奶奶在带。与现实形成反差的是，很少有哪本书、哪个节目在认认真真教这些老人，作为爷爷奶奶怎么来带孩子。原因很简单，因为这些育儿类书籍和节目，理想中默认的受众对象是城市中产阶级的父母，他们受过高等教育，有稳定的工作，下班后有时间陪伴孩子。然而，这一套建立在"中产阶级家庭假想"基础之上得来的育儿知识，在现实生活中的很多家庭里很难执行下去，不是这些理念不对，而是要实现这些理念和方法的种种条件，普通家庭特别是普通农村家庭根本无法满足。村里的年轻人，大多在孩子一两岁的时候，就把孩子交给老人，外出打工。

今天，中国农村的孩子们，比以往的任何阶段，都拥有着更好的环境。安全温暖的教室、社会各界的关心和支持，就连交警都到村里普及交通安全常识，也给孩子们带来了特殊材质的书包。

不过在不少这样的活动中，往往有一个环节让人感到尴尬，那就是录像环节。孩子们需要对着镜头，表达对捐赠方、关怀者的感谢。从培育孩子感恩之心的角度，这当然是应该的，孩子们只有懂得感恩，捐助与回报的良性循环才能持续，但问题在于孩子们不得不对着镜头，说出那些活动组织方希望听到的话。

这样一来，孩子们很容易就卸下了心头作为受赠者的负担，很容易把这个事情忘记，而缺乏机会和空间去思索自己应该做点什么，才不负这一份馈赠。

我这几年在大学里，看到许多家庭条件好的孩子，将获取各种助学金作为一种理所应当的资源，并通过各种手段争取。而家庭条件不好的孩子，一部分羞于启齿而不愿意去申请，另外一部分则心安理得地认为这就是自己应得的，毫无感恩之心。在交上一封封充满着陈词滥调的感谢信后，他们便将捐赠方的名字抛到九霄云外了，而很少去思考，自己获得这一份馈赠后，应该去做些什么、承担些什么。

教育，应该发掘孩子们心底的善，让孩子成为一个正直善良的人。

玩具大爆炸后，"一块屏幕的故事"

又是一个周六，孩子们来图书馆比以往任何一周都要早。原因是前一天下午，远方的爱心人士寄来了四大盒玩具。当时我并没有着急把玩具搬到图书馆，而是等到孩子们放学了经过图书馆时，才让孩子们把玩具一个一个分批搬到图书馆。

十几个孩子，来来回回跑了三趟。我这样做不仅仅是为了打造孩子们的参与感，让他们参与到图书馆的建设之中，更是要借此让孩子们知道，对于图书馆的这些物品，需要学会爱护，更需要学会从哪里借，然后收拾好，再完整地送回去，这对图书馆秩序的长期形成是非常重要的。

我给每个玩具都进行了编号，贴上标签并拍照，让孩子们学会在玩完之后，将其收拾好，并复归原位。但是，看到玩具的孩子们，已经有点迫不及待了。我也不得不在周五留出一个多小时，让孩子们先玩儿一会儿玩具，也是对他们参与图书馆建设的回馈。

1. 玩具让孩子们早起

没想到周六的早上，孩子们来得如此之早。一早上，居然来了二十多个孩子，并顺带拉上了三个年轻的妈妈和四个爷爷奶奶。

这也是让我意想不到的。一批玩具让这么多孩子和家长早早地来到图书馆，书籍、课程都没有这么大吸引力。这一方面显示了单个家庭里很难给孩子们买这么多玩具，孩子们喜欢的玩具十分缺乏，同时也让我开始明白，为什么现在在城市的购物商场里，为了留住消费者，儿童游乐场的面积在不断扩大，有的甚至占据了两层楼。毕竟，游戏是孩子的天性，孩子们本来就是在游戏里学习规则、认识他人与自我的。

赛车、滑轨、拼图、积木……当这些玩具被这二十多个孩子铺满整个图书馆时，我瞬间感觉，这里已经变成一个"农村大型儿童游乐场"了。孩子们玩得笑声连连，并不时发出几声兴奋的尖叫。尽管我只是拿出了这批玩具的一半，大约二十种玩具，但孩子们显然从未见过这么多的玩具，因此全都沉浸在儿童游戏的乐园里，体验着让他们兴奋至极的"玩具大爆炸"。

自童年起，我的大部分玩具都是自己通过双手，用乡下的竹子、木头制作的，弹弓、滑板车、花椒枪、陀螺，都是年幼的我拿起家里长长的锯子和砍刀，一锯一刀做出来的。所以，当我在大学里读到启蒙思想家洛克在《教育漫话》中提出玩具要让孩子亲手制作的观点时，便深以为然。

在洛克看来，孩子的玩具不应该通过购买得到，孩子应该努力学着自己去做玩具，在亲手制作玩具的过程中，不仅能够锻炼自己的动手能力，还能从制作玩具的过程中学习到工艺方面的科学知识，而在孩子遇到困难时，家长们才应该伸出援助之手。孩子们通过克服困难，最终制作出自己玩具的喜悦，远远超过家长们买给他们玩具获得的喜悦。在洛克的观点里，若不是家长们愚蠢地花钱，使孩子们拥有太多的玩具，孩子们在缺乏玩具的情况下，就会自己亲手去做，以满足自己对玩具的需求。而恰恰是家长们放纵孩子，给孩子们买了太多的玩具，才使得孩子们玩惯了商品化的玩具，随时会因为没有某种玩具，就随意哭闹和发脾气。家长们给孩子们买太多的玩具，不仅剥夺了孩子们自己亲自动手制作玩具的机会，而且培养了孩子们一种不好的习性，即总是指望别人给他们提供现成的玩具。这样的孩子，既失去了创造的乐趣，也容易迷失在商品经济造就的海洋里。

看着孩子们沉浸在欢乐的氛围里，我还是不忍心打断他们。尽管我清楚地意识到，如果放任孩子们玩耍，图书馆将变成游乐场，孩子们来到这里，唯一的期待将变成玩乐，而不是翻看书籍、学习知识。那孩子们就只能沉浸在浅薄的快乐里了。而那些希望孩子们在玩乐之余能够随手翻开书籍、被某些内容吸引并沉浸于阅读的想象，无异于异想天开，因为当旁边的孩子都在玩耍时，即便其中一个孩子想看书，也会因为缺乏安静的阅读环境而无法静下心来。也会在同辈的压力下，不得不陪着自己的小伙伴去玩耍，否则孩子会觉得自己被抛弃。所以，单独改变一个孩子的阅读习惯并不好使，也难以持续，改变小群体的团体文化，才是培养孩子学习和阅读习惯的治本之策。孩子们并不是孤立的个体，他们不仅生活在家庭里，而且也生活在小伙伴的陪伴与嬉戏之中，这也恰恰是大部分的育儿书和家庭亲子教育所忽略的一点。

为了让孩子们能够静下心来阅读一会儿，能在认知里记得这是学习、看书的图书馆，我让孩子们必须阅读半个小时以后，才能开始玩玩具，而且阅读安静、认真的孩子，可以优先过去挑选玩具。孩子们很快就找到了新来的绘本，搬起绿色的小凳子，在窗前坐了一排看起书来。尽管时而有孩子奔跑到书架换书，但只要孩子们安静下来了，他们就能用自己有限的耐心看起书来。这是独属于孩子们的周末读书时间。

2．一块屏幕打开世界

为了激发孩子们的学习兴趣，而不是让他们沉迷在玩具中，下午，我早早地连接好视频会议系统，开展线上远程交流。

三十多个小孩，以及七位家长一起来到侗见楼一层，等待着3点钟开始的线上分享会。牛牛妈妈首先为孩子们阅读了一段绘本。尽管牛牛妈妈十分希望和孩子们互动，但是很多孩子还是第一次通过线上视频会议的方式和外面的人交流，还不能很快地适应。

互动过程中，菜菜着急地点了一位小女孩来回答牛牛妈妈的提问，就在那一秒，小女孩立马就流下了眼泪，嗷嗷哭了起来，急得我们赶紧切换到下一个节目。视频里，两位图书馆的公益设计师正好在景山上散步，他们通过视频带孩子们远眺了故宫。菜菜和几位好朋友弹着吉他，给孩子们弹唱了几首歌曲。孩子们随着节奏，欢快地拍着双手。最后，一位女生拿起口风琴，给孩子们吹了一首《小叮当》，孩子们睁大眼睛看着她吹出优美的节奏，兴奋地跳着。

节目结束，一个小女孩兴奋地跑到我跟前，指着刚刚录下来的那段口风琴表演，满眼期待地说："老师，我想学！"顿了一秒，孩子又抬起头说："老师，我真的很想。"

这被我定义为古伦版"一块屏幕的故事"。作为孩子们的网络视频第一课，这是一个好的开始，但大家都觉得不是很成功。一方面，乡村的网络实在很不稳定，尽管我使用了高分辨率的摄像头，但是由于网络的原因，效果并不是很好。另外，空间里的设备声音尽管都已经开到了最大，但是由于这一群2—12岁的孩子聚在一起的打闹声远远超过了小米电视播放出来的声音，很多朋友分享的话语听起来并不十分清晰。网络差、声音小，朋友们准备得也不是很充分，尽管孩子们看起来非常兴奋，但是对于我们这帮所谓的年轻知识群体来说，这算不上是一次成功的分享。

3. 孩子们的视角

然而，自认为对村里孩子比较了解的我，还是错误估计了。因为第二天一早，我特地问了几个不同年龄的孩子，让我万万没有想到的是，孩子们都真诚地觉得昨天的活动非常好。

"昨天那个分享故宫景色的姐姐好漂亮！"一个小女孩激动地说着。

"对呀对呀，那个哥哥也很帅呀！"旁边的一个小女孩补充道。

"牛牛妈妈讲的故事也很棒呀，我们好希望牛牛妈妈有时间来村里给我们讲。"旁边的一个孩子继续说道。

"对了，老师，昨天那个姐姐分享的故宫景色好漂亮，我们有什么办法能够穿过屏幕也去看看呢？"一个小男孩着急地抢过话头。

"我最喜欢那个口风琴！"两个小女孩立即围上来，抢着对我说。

孩子们你一言、我一语，诉说着对昨天活动的评价。我突然间发现，我们错误地用成人的评判标准，用一种精英主义乃至完美主义的视角来看待这场活动的效果了。在我们这帮成年知识青年脑海里建构的理想图景里，孩子们要从头到尾认真地聆听，热情地与老师互动，然后大声说出各自的想法，这才是一场成功的分享交流会。

但是我们这帮最宣扬用户思维的人，恰恰在某种程度上，忘了我们所面对的这个群体的特色。这毕竟是一群 2—12 岁的乡村孩子，正处在知识学习跳跃式阶段的他们，比任何一个群体的差异都要大，我们根本不可能要求这群孩子安静地坐下来，全程参与，并且对每一个节目都感兴趣。他们的耐心和注意力，也就十几分钟，他们能对其中的一个人、一片风景、一段节目感兴趣，认真开心地聆听十分钟，就已经非常棒了，他们就会觉得今天的活动是有趣的，成年人的评价标准与孩子的评价标准毕竟还是不一样的。真是应了那句话："小孩子才做选择，成年人全都要！"

第一次线上视频交流就这样在匆忙准备和孩子们的欢闹中结束了。它也让我更多地从孩子们的视角来思考问题。周日下午，孩子们在游戏之余，轻声读起了文字，有一种低吟浅唱的味道。琅琅读书声回荡在木质的楼板上，阳光斜射进屋子。有书声的乡村，才是振兴中的乡村。

一颗咖啡豆的乡村旅程

又逢周末，我邀约了几个朋友，准备通过视频直播的方式给孩子们讲讲咖啡。

1. 孩子们争相要喝咖啡

事情的起因很简单。那天，恰逢孩子们放学后在篮球场旁边玩耍，四五个孩子看到我有一堆快递，都跑过来帮我拿，一人搬起一个。

搬到我屋里之后，孩子们就眼巴巴望着我，问我有没有吃的，他们想吃到好吃的零食。我才惊觉，原来孩子们都在这等着我呢！

快递里有一袋烘焙好的咖啡豆，我只能打开让孩子们看看，并告诉他们咖啡豆不能直接吃，要把咖啡豆磨碎后煮着喝。闻到咖啡豆醇厚的香气后，孩子们的腿都迈不动了。

"太香了，我们想吃，老师，你给我们煮咖啡好不好！"

"老师，我们真的很想尝尝！"

"我们现在就想煮，老师！"

孩子们你一言，我一语。

"你们有谁之前喝过咖啡吗？"我问道。

孩子们互相看看，都摇摇头表示没有喝过。

"那你们知道咖啡是什么味道吗？"我追问。

"甜的？和糖一样的味道。"一个小女孩猜道。

"我看手机上说，咖啡是苦的。"一个年龄稍大一点的男孩说道。

看着孩子们渴望的眼神，我决定满足他们的心愿，带他们一起体验一下咖啡。"后天周六，你们到图书馆来认真看一上午书，下午我给你们煮咖啡喝，好不好？"

"好！"

"好！"

"太好了，那老师你一定要记得那天给我们煮咖啡哦！"

孩子们七嘴八舌地说着，在获得我肯定的回复之后，孩子们才散去。

如今，咖啡早已从城市中产阶级白领的标配，进入了寻常百姓家的日常生活，咖啡已然不是二十多年前那个彰显身份和品位的消费符号，甚至连这个人数较少的乡镇街角，都已经开起了一家咖啡馆。咖啡变成日常生活的饮品，也就意味着它对我们的日常生活和社交越来越重要。目前为止，孩子们都还没有接触过咖啡，我何不趁此给孩子们介绍一下与咖啡相关的历史、地理、经济和趣事呢！

想到这里，我内心狂喜，这可真是古伦村孩子们正儿八经的"咖啡第一课"呀，他们的人生咖啡初体验，是多么重要的事情。我甚至想起马尔克斯《百年孤独》里的经典开头，脑海里浮现出一段仿写的文字：

"多年以后，古伦村的孩子们坐在咖啡店里时，准会想起老师带他们体验咖啡的那个遥远的周六下午。"

狂喜完后，我脑子里竟然一片空白。

2. 众筹模式下的咖啡直播课

作为一个日常靠咖啡来"续命"的学术打工人，我的确是上了大学以后才喝咖啡的，当时纯粹是为了熬夜赶作业。在我最初的体验里，咖啡一点都不好喝，简直就是另外一款中药。只是有同学请客，我也得回请同学，这才喝上了。为了改变咖啡在我脑海里苦涩的记忆，我还专门找了几本关于咖啡历史的书籍，仔细研读了几个下午。只是那天，我啥都想不起，只记得一些殖民主义的血腥故事。

为此，我请菜菜找到了三位朋友，提出了为孩子们上"咖啡第一课"

的想法，并建议采用"众筹PPT"的方式来组织这次活动，一人贡献3页PPT，把自己认为最有趣、最重要的内容分享出来。列提纲、找图片、下视频，我们几个就这样忙活起来了。其中，宇奇还是位刚刚考下"中级咖啡师"证书的资深咖啡爱好者。听到孩子们之前都没有接触过咖啡，能让孩子们在没有标签的背景下认识一个新鲜事物，大家都很兴奋。

周六上午，孩子们早早地就来到了图书馆，开启了等待下午喝咖啡的漫长时光。到了中午12点，孩子们有点等不及了，我只能拿出咖啡豆，让他们都闭上眼睛，挨个闻一下，再让每个孩子都体验一下用磨豆机把咖啡豆磨成咖啡粉的过程。孩子们挨个把手上的咖啡豆放进磨豆机，盖上盖子，用双手按着开关，听着"呲呲呲"的声音，看着咖啡豆子在杯里飞窜，并被叶片搅碎成细细的粉末，孩子们一个个惊喜地尖叫起来。

下午，我连接好设备，十二个孩子围坐在一起，每人手上捧着几颗咖啡豆，开启了"一颗咖啡豆的旅行"。北京大学教育学院的郑蕾老师和菜菜首先带孩子从物理性质上，一起仔细感受了咖啡豆的形状、大小、颜色、气味，给孩子们讲了咖啡树的习性以及它的生长条件和环境。菜菜更是通过一个羊和咖啡起源的传说来激发孩子们的想象力。我给每个孩子发了一张画纸，希望他们能够画出自己观察到的咖啡树的样子。此外，孩子们还拿出图书馆的地球仪，在上面一块一块找到咖啡的产地。小小的咖啡豆变成了孩子们实验探究课的道具。

那么，一堆咖啡豆是如何变成一杯咖啡的呢？专业的咖啡师宇奇，从咖啡的烘焙到研磨，从浓缩咖啡到手冲咖啡，都给孩子们介绍了一番，并通过视频直播的方式，线上给孩子们演示了两种咖啡的制作。看到宇奇隔着屏幕品尝起咖啡时，孩子们再也忍不住了，要自己动手和我一起制作自己的咖啡。

3. 把学科知识融进咖啡制作中

我带着孩子们，制作出一杯又一杯卡布奇诺。在这个过程中，我让他们计算咖啡的重量，在不同的重量单位之间进行数学换算；并让孩子们计算制作咖啡的时间，也同样要求他们换算成不同的时间单位；还给孩子们讲述了咖啡在海外的历史以及传入中国的历程。

在带领孩子们见证咖啡豆变成咖啡的过程中，我们把数学、地理、历史的知识融合进去。在这个融知识于生活的过程中，咖啡只是引入的一个壳、一个挑战，而把各科知识引入这个壳中，让孩子们在学做一杯咖啡的过程中，学会带着问题去寻找答案，才是我们想做的。

为了避免孩子们摄入太多的咖啡，我给他们的杯子里加了足够的牛奶拉花和蔗糖。孩子们装作非常享受的样子，在那儿品尝着。十几个小孩更是把杯子碰在一起，干起了咖啡。尽管咖啡还是有些苦，但是由于是十几个小伙伴一起喝，他们都非常高兴，评价着彼此的咖啡，又炫耀着自己咖啡杯里漂亮的拉花图案。

孩子们爽朗的笑声飘出图书馆，菜菜发微信问我："孩子们觉得咖啡好喝吗？"

我说："他们觉得好不好喝，我也不知道，但是一群小朋友一起喝，他们就觉得香甜和开心！"

回复完，我不禁想起了鲁迅先生《社戏》里的结尾："真的，一直到现在，我实在再没有吃到那夜似的好豆，——也不再看到那夜似的好戏了。"那一夜，幼年的鲁迅苦苦央求母亲，获准和小伙伴们一起去看社戏，他们撑着竹篙，开着乌篷船，陶醉在沿途朦胧美好的夜景中。回来的路上，他们偷吃了六一公公地里的罗汉豆。隔天母亲就煮了一大碗罗汉豆，鲁迅说："但我吃了豆，却并没有昨夜的豆那么好。"罗汉豆的味道自然不会变，但是年幼时和小伙伴们一起的那种开心、那种纯粹的快乐是一去不复返了，只能永远留在记忆里。

愿这个周末下午的咖啡味道，也能永远留在孩子们的记忆里。多年以后，孩子们再次回想起，又会是一番怎样的情景呢？

这个乡村图书馆长很独特

12 月中旬的周末，又是村里忙碌的日子。由于县里有侗族村寨的房子着了火，消防工作旋即成为当下最为紧迫的重点工作，村里开始检修电线线路、完善消防应急设施、开展消防宣传。

周六，镇里三位负责联系村里的干部下来一起帮忙。周日，县里负责联系村里的领导和单位，又一次全部出动，来到村里一起参与工作。七位村干部陪着下到村里的干部们，一家一户走访检查、宣传提示。

村部楼三层的两个大喇叭里，整个下午都在循环播放消防安全的通知和提示，声音灌入耳朵，让人无处可逃。

突然下来的消防任务，让干部们都感到压力很大。原以为好不容易忙完一系列的检查后，这个年底就能顺利过关了，他们就可以拿出时间和精力好好谋划一些村里的发展问题。然而，突发事件导致工作重心不得不转移。村里老弱病残群体的消防工作，全都要责任到人。全村 307 户，这可不是一个小的任务。

周日，就连村部楼的食堂里都满是攒动的人头，解决这么多人的午饭也是个艰巨的任务。

县里一个干部的爱人恰好是一位小学教师，这位姓沈的年轻老师听闻这里有个乡村图书馆，也想来看看。没想到，沈老师才进图书馆就被我邀请给孩子们讲讲绘画。就这样，几个年龄从 4 岁到 9 岁的孩子，围坐在沈老师身旁，认真地画起了画。

由于沈老师是学美术出身的，对色彩的搭配和介绍十分专业和独到，同时又在小学教三年级语文并担任班主任，因此，和孩子们交流起来非常顺畅。孩子们罕见地安静下来，专注地画了两个多小时，连我举起手机拍下照片和视频都没有注意到。

我也趁此在图书馆楼道的木质墙壁上，贴上了两块软木板，作为孩子们作品的展示区。我邀请孩子们，在他们完成自己的作品之后，就把作品贴到展示区。孩子们看着自己线条明晰、色彩饱满的画作被贴上展示区，纷纷要我帮他们与自己的作品合影。孩子们的笑脸，就这样与自己的画作、图书馆的墙壁一起，定格在了照片里。

当这些孩子们在沈老师的带领下专注地绘画时，几个年龄稍大一点的男孩子担心到处玩闹打扰了他们，也安安静静地找到几本书，坐到窗户前认真看了起来。两个四年级的女孩子，则拿出田字格的练字纸，认认真真默写起了古诗。

这个周末，孩子们主动找到自己喜欢看的书、让我帮他们登记借阅的情景越来越频繁。每次他们借书登记时，我都会花个几分钟时间，询问他们为什么要借这本书，并告诉他们怎样来阅读这本书。我也会借机和他们分享一些和所借书籍相关的故事和趣事。在书籍借阅登记后，我都会和孩子们来个"小小约定"——他们把书读完来还书时，一定记得和我分享他们在阅读过程中觉得精彩或者有意思的地方，也可以分享他们阅读这本书的收获和感受。

我问过几位孩子，尽管他们还只能用简单的几句话来对书里内容进行总结和概括，但是，在阅读完书籍之后，能够尝试去分享这本书的内容，这本身就是一个学习锻炼的过程，这比简单翻过一本书却又不记得书的内容要好很多。如果他们能够将这个习惯坚持下去，必定受益终身。事实也证明，在我与孩子们约定之后，孩子们看书更加认真了，由于他们担心被我提问，总是努力去记忆书中的一些内容，也在努力学着把书中的内容讲述给我。山里的孩子胆子小，通过借还书来分享自己的阅读感受，这也是在锻炼他们表达的自信。

通过小小的努力，我尝试着让借书和还书不仅仅只是一个登记的流程，也变成一个由我负责引导和提出挑战，孩子负责到书中探索答案，并勇敢分享自己阅读感受的互动过程。

我心想，全中国有几十万的图书管理员，像我这样在借书和还书时，与每一个读者进行交流的图书管理员，估计没有几个。

周日晚上，当最后两个孩子离开图书馆时，我已经精疲力尽。因为与孩子们交流图书内容时，我要思考的东西反而更多，我不能再像平时，以一个成年人的普通认知水平来和孩子们交流，每一句话，我都需要用孩子们听得懂、喜欢听，而且是有着良好价值导向的方式说出。

晚饭间，忙碌了一天的村干部们也是十分困乏。大家在讲述了工作中遇到的各种困难之后，总是又回到村里如何发展、村里如何建设好的话题上——从村口的镂空大字，到村道旁的菊花，从各家各户门口挂起的国旗，到会议室里摆放的搪瓷茶杯。随着饭桌下烧红的炭火渐渐变亮，关于村庄发展的点子，总是在饭桌的头脑风暴里，撞出一片又一片火花。只是，最终都归结为一个问题——钱从哪里出呢？

一番讨论之后，竟已是深夜露凉。

第四章

乡村治理，双向运动

一位老村支书的历史追问

今天是周一，一切归于平静，一切又重新开始。上午，我再次坐在窗前写作，由于上游在整修河道，河里全是泛黄的泥沙。

图书馆的网总是那么慢，应该说，村里的网一直都很慢。中午时分，村部三楼的两个大喇叭再次广播起来，先播放了一段关于疫情防控的通知。尽管湖南并没有病例，但是病毒的变异，特别是变异病毒"奥密克戎"的出现，使得疫情防控措施依然很严格，但是在通道县这个从未有过新冠肺炎病例的小城里，口罩已经离大家很遥远了。

午饭时间，我遇到了旁边追脚村的老支书。老支书是上世纪60年代生人，20多岁就当了村里的党支部书记，一直当到了2000年初，是整个农村税费时代的见证者，更是亲历者。

"那时候当村干部哪像现在还有补贴，我们那时只能叫误工费，最初几年，一个月就30块钱，还不够请下来办事的乡镇干部吃顿饭呢！因为那个时候没有车呀，连摩托车都没有几辆，乡镇干部下来，是肯定要吃点饭的。所以，没有点家底的人，这村干部是当不下去的，所以你就能知道，为什么村里少锋的叔叔当了两年便不当，外出打工去了。"老支书端着酒杯，慷慨激昂地回忆着。

老支书上任之初是全县最年轻的村支部书记，在这个岗位上干了近20年，他最大的一个遗憾是没有赶上推行"一肩挑"的时代，没能当过村委会主任。他对自己的评价是："在最艰难的时期，带领村里修桥筑路，还是做过一些实事的，但不轻言功劳或者苦劳，甚至不奢望大家都念着我的好，只希望村里人记得有这么一个人做过这么一些事。"老支书最期待的场景是，有一天，能够听到村里人当着自己孙子孙女的面说："这座桥还是当年某某的爷爷带领人修的。"

饭桌上，我也请教了老支书诸多问题。

"一个让我至今困惑不已的问题是，咱们牙屯堡镇早在上世纪70年代就有了火车站，应该说交通还是不错的，起步较早。我们中国人说'要致富，先修路'，为什么火车的通车，并没有为牙屯堡镇带来外面的思想、资源和人才，恰恰相反，反倒是把这里最年富力强的一批人，源源不断输送出去打工了，使得这里数十年来变化都不大？"我总算找到人来询问这个问题了。

"你说得对，交通对一个地方的发展是至关重要的。但是牙屯堡这个站呀，它是一个货运站而不是一个客运站，而且货物的生产和中转都不在我们这里，所以尽管在这里设了这么一个站，但是它和我们本地的经济发展没有多大关系，仅仅是为了服务焦柳铁路的维护。"

说起侗族人的特性，老支书最大的感慨是侗族人的温顺与听话。

"中国历史上，苗族发生了好几次大规模的叛乱，让官府非常头疼。但是侗族却几乎没有什么大规模的反叛，就是躲在山窝里过自己的生活，非常温顺。但是吧，太听话了，也有不好的地方，比如原来侗族的寨子里，有一些建筑、庙宇非常有特色，因为我们侗族也是有自己独特的民间信仰的，要保存到现在绝对具有开发的价值。但是就因为在四清运动、"文革"时期接连不断的运动中，我们太听话，让砸什么就砸什么，让拆什么就拆什么，结果把各种建筑、庙宇砸得一点不剩，导致有历史价值的东西，什么都不剩，什么也都没有留下，现在想要去考证某个东西、某个传说，已经什么历史文物都找不到了，说出来人家也不相信了。"

老支书把杯子里的酒一饮而尽，用筷子夹起一块肉，还来不及送进嘴里，在嘴角悬停住又补充说道："刚才你问我这里很多节日和说法的起源，我也说不清，因为现在是一个人一个说法，但是大家都没有任何根据，因为能够考证这些说法的遗迹，都被破坏得差不多了。侗族虽然人不多吧，但是也有三百多万，主要分布在湖南、广西、贵州这三个省区，但是你看，除了一个粟裕，就没有出过什么名人，也拿不出什么比较有特色的建筑和文化。"

我就这样听着一个担任了近二十年村支书的老人，静静地讲述着自己经过岁月发酵后，拧出来的智慧琼浆。

聊天结束时，老支书说："我们这些人上了年纪，就喜欢讲一些话，话不一定对，但肯定是自己人生经验的总结。不过，我依旧觉得，咱们这边的村子有发展优势，恰恰因为它的闭塞和落后，自然生态和乡村面貌保存得还比较好，这里绝对有发展潜力。现在新的一批村两委干部比我们那一代有知识、有文化，见识更开阔，思路也更清晰，慢慢地就能把乡村带得发展起来。"

与老支书聊过之后，我内心觉得充盈而又五味杂陈。随后，接到一个电话，让我不得不前往村里的小卖部，原来是菜菜买的视频会议系统到了，菜菜催促我，让我赶紧测试一下。由于村里的物流太慢，快要错过7天无理由退货的日期了。我和灯哥拆开一个个包裹，也是在拆开一个一个的希望，因为视频会议系统搭建起来后，许多志愿者就可以通过线上授课的方式，给村里的孩子授课，与村里的孩子交流，让他们能够看到更大的世界。与此同时，那些关心村里发展的人们，也能够通过视频会议，定期了解村里的发展，为村里的建设出谋划策。

我们还来不及总结历史，便已经被裹挟着急切往前。

轮番下乡的干部

驻村几周后，尽管我一句完整的侗话都还说不出，但我已经习惯了村里人的发音，可以根据表情和一些词语，大概了解他们在说些什么。村民和我在一起时，也不再会因为顾虑到我的存在，而略显吃力地说普通话。

少锋哥又外出开会去了。中午时，我躺在床上，看着论文，沐浴在阳光下，身上的棉被是那么绵柔清香。阿姨和我说过，这里大部分的村民，都会种一点棉花，然后挑选出上好的棉花，拿到镇上打一床被子。多么古朴的农村生活呀！吃的是自家种的菜，喝的是自家酿的酒，连身上盖的被子也都是自家地里种的棉花做出来的。怪不得尽管湘西的冬夜湿冷异常，我的被窝却温暖如春。

1. 干部到村帮扶忙

中午起床，恰逢驻村工作队的杨队长带着教育局的李局长来侗见楼参观图书馆。我出门和李局长聊了一会儿。原来之前古伦村是教育局定点帮扶的村子，村里好几户之前都是李局长联系的，他这次是过来看看几户村民的生活情况。

短短一周内，我遇见了两批来村里看望结对帮扶村民的干部。昨天的武局长，今天的李局长，中国共产党密切联系群众的作风鲜明地体现在这些县乡基层干部的身上。他们给村民带来了关怀，既传达了党和政府的政策，也让老百姓心里感到了温暖。

外出开会的少锋哥给我打来了电话，说明天周五，村里要来两拨人。上午的一拨，是县里对口帮扶的房管局干部，来帮忙一起打扫卫生。下午的一拨，是团县委与一批市里的青联委员，一起下来捐赠一批物资，并给图书馆授牌。少锋哥让我帮着一起策划下午的活动，并且邀请我主持一下。初来乍到，人生地不熟，我哪里敢主持，只能先暂时婉拒，但表示助理工作一定做好。

为了准备好第二天的活动，我早早就联系了两位家长，邀请他们第二天来帮我一起收拾打扫图书馆。一方面，我一个人做，确实压力有一些大，当然，更重要的是，村民是村里的主人翁，维护图书馆，必须要有家长们参与，我要做的既不是一厢情愿、自我感动地一味付出，更不是简单地告诉家长们该怎么做，而是引导家长们来完成一些工作，激发他们内在的自主性，只有他们真正把村里的图书馆当作自己的"公共空间"来建设时，乡村的振兴才是他们自己的振兴，也才能够真正做到可持续。

周五上午10点，房管局的十多个干部就来到了村里。原本少锋哥告诉我，他们局会来一半的干部。没想到，今天几乎全局都出动了，除了留下几个人值班，其他的人都来了，与村干部们一起开展人居环境的整治，撸起袖子打扫卫生。

20多人就这样从村部楼出发，并排铺开去开展环境卫生整治了。一个多小时后工作结束，房管局的干部们立即开车离开，王书记和杨队长也跟着一起回城里了。

2. 两担倾倒的垃圾

中午，我和少锋哥一起回去休息时，看到远处一个头戴蓝黑色头巾的阿婆，挑着两担清扫出来的垃圾从巷子里出来，走到河边放下担子，直接将垃圾倒到了桥下。我和少锋哥立刻赶过去。少锋哥用侗家方言和阿婆说，河里是不能倒垃圾的。总之说了很久，我站在一旁，并不太能听得懂。对村里一个年长的阿婆，少锋哥既要保持对长辈的尊重，又要作为村干部来强调这件事情的严肃性。但是，终究不能让年龄那么大的阿婆现在就下到河边去把垃圾捡回来。言谈之间，少锋哥的脸渐渐涨得通红，但始终还是保持着平和的语气。

　　上午刚刚搞完环境卫生，干活的队伍离开仅一小时不到，两担垃圾就被倒到了河里，而且倒垃圾的还是一位年迈的阿婆。作为年轻的90后村干部，少锋哥也不能说这位阿婆什么，尽管给阿婆解释了半天，反复说明要爱护环境，不能随便往河里倒垃圾，但是，并没有太多的效果。要在一个老人的认知体系里植入一个观念是多么困难的事情。

　　"只能周末我们再来清理河边的垃圾了。"少锋哥最后无奈地说道。

3．也是一种社会干预

　　在下午的活动中，负责摄影的记者好奇地问我："你仅仅是来这里做调查、获取资料吗？"

　　我没有正面回答她的问题而是反问道："我在这里，每周末陪着孩子们，帮他们摆脱屏幕依赖、放下手机，努力让孩子们到图书馆来写写画画，算几道数学题，默写几首古诗，再借阅一本书，这难道不是一种社会干预吗？"

　　这也激起了她的兴趣，她颇为感动地和我说："其实我们都说农村留守儿童多，面临着很多问题，很多人都有这个心，希望来做一些改变，但是能够像你这样，来到这个村子，住在这个村子，并带着村子里的孩子们一起去做一些事情、尝试改变的，非常少见，也非常难得，我希望过段时间能够听到你的故事。"

　　这位记者调整了一下情绪，眼里又重新亮出光，好奇地看着我，问道："但是我还是想知道，你选择这样做的理念是什么呢？"

　　我对她说："今天的学术界，特别是社会科学界，不少人是在为发论文而发论文，他们丝毫不考虑自己的论文究竟是不是能够让社会产生哪怕一丁点儿的改变。只是一味在埋头用复杂艰涩的概念，制造着没有意义的文字。"

　　"学术的繁荣一定带来社会治理的改善吗？"我问道。

　　她好奇地看着我，期待我给出自己的答案。

"你也许看到新闻了，就在这个月9号，一位在美国芝加哥大学念书的华人留学生，在学校附近被枪杀了，而且这已经不是第一起了。我们得知道，芝加哥大学是全球城市社会学的顶级学府，从上个世纪初起，无数城市社会学的研究者，以芝加哥城市的起源、发展和冲突为案例，诞生了数不清的顶尖学术研究作品，甚至创造了闻名全球的'芝加哥学派'。然而，这些研究对于改善这座城市的治理，产生了多少实际的作用呢？芝加哥这所城市造就了芝加哥学派和城市社会学的蓬勃发展与其巨大的学术影响力，但是，学术的繁荣带来社会治理的改善了吗？如果这些研究者只是沉迷于自己的研究，生产着复杂的理论和模型，而不是投身社会的服务与干预中，那么他们的研究怎会让这个社会变得更加美好呢？"

听了我的回答，记者沉默良久。

我告诉她，家长们其实对孩子们的问题忧心如焚，只是他们像是困在笼中的鸟儿，不知道如何去改变。我给她看了一段今天中午一位家长在家长群里的留言，他是这样写的：

> "李老师，我们村现在应该有很多的宝宝属于留守儿童，酷爱手游应该是他们最为普遍的现象，许多孩子都机不离手，若是他们手上捧着手机，基本上可以做到废寝忘食，看李老师有没有什么好的对策和办法，和家长一起纠正这一部分宝宝的行为？
>
> 望子成龙、望女成凤是每个家长的心愿，作为家长的我们，不敢奢求每个孩子都能成为人中龙凤，也不敢奢望他们个个都能做到如李老师母校的校训那样"自强不息，厚德载物"。只希望宝贝们在成长道路上开开心心、健健康康、脚踏实地、懂得感恩，做一个对社会有用的人！"

我们俩逐字逐句看完了这段话，我说："我不好高骛远，如果我们能够改善一下孩子们的屏幕依赖，培养起孩子们的阅读习惯，是不是让在外打工的家长们，也能够更有奔头一些呢？"

　　记者点点头，深以为然。

　　晚上，少锋哥打着摩托车的火，我立马跳上去，他载着我，在旷野的山风里疾驰前进，去镇上与下到村里来的一群干部聊聊。古伦村太需要各级干部帮忙一起做宣传、推介和引荐工作了，因此，少锋哥非常乐意借此机会，和几个县里的干部深入地交流沟通一下。路有点起起伏伏、弯弯曲曲，但我知道，少锋哥开得极稳。

大喇叭又响起来了!

　　清晨，我在侗见楼里埋头写论文。窗外高岭长卧，芳草接天。村里的主干道上，不见一人一车，显得孤独而寂寥。

　　中午 12 点，村部楼三层的两个高音大喇叭响了起来，声音穿透房门和墙壁，灌入耳中，打乱了我写作的思路。无奈，我合上电脑，闭目凝神，认真倾听一下这每天都按时响起的喇叭声，究竟在播报些什么。首先，每天雷打不动定时播报的，是一首县里编撰的"疫情防控顺口溜"，内容颇为有趣，值得玩味：

抗疫情，战新冠，人人都要有防范。
父老乡亲听我言，疫情之下别嫌烦。
新冠病毒太危险，人多聚集有风险。
面对疫情莫大意，接种疫苗保平安。
公共场所戴口罩，洗手通风要做到。
大家都要打疫苗，积极接种最牢靠。
打疫苗，灭新冠，美好家园有保障。
返乡人员要配合，核酸检测要做到。
冷链食品莫乱买，看清产地和时间。
人多地方我不去，外出旅游不考虑。
个人防护很重要，黄码红码要隔离。
父老乡亲要听劝，待在家中最安全。
婚庆喜事不要搞，聚集活动全取消。

不串门、不聚会，确保病毒无处散。

不信谣、不乱串，防范疫情别添乱。

全县人民一盘棋，病毒一定会远离。

同心同德意志坚，齐心协力过难关。

　　抑扬顿挫的顺口溜播报结束后，依次是关于城乡居民基本医疗保险参保缴费的通知、森林防火安全的宣传、家庭房屋消防安全须知的介绍，最后播报了农村人居环境治理的标准，号召广大村民一起参与环境卫生整治。

　　大喇叭开足马力，以最大分贝整整播报了十多分钟。这个位于三省交界地区的小山村，平时寂静无声、时光清浅，唯独每天村部楼三层的两个大喇叭播报消息时，喧嚣嘈杂，犹如战鼓催征。

　　从播报的几则信息来看，除了疫情防控属于应急之外，森林防火和房屋消防只能算是日常的宣传工作，而农村人居环境整治属于社会动员令。农村智能广播网"村村响"工程，作为应急广播体系建设的一个环节，播报这些当然都有必要，但是每日定时播报，且一遍又一遍重复，难免会让一些人产生厌烦。因为随着农村信息化、数字化建设的推进，村民们获取信息的渠道越来越丰富，从日常的微信、抖音、快手上，村民都能获取到这些信息，大喇叭反复播报，反而会导致村民对这些信息缺乏敏感，当真的出现紧急情况时，大喇叭的宣传效力可能会打折扣。

　　毫无疑问，"大喇叭"在中国上世纪 50 年代到 90 年代，是农民认识和了解外部世界的重要窗口，但是在 90 年代之后，随着电视的普及和移动互联网的出现，"大喇叭"的作用逐步减小。2013 年以来，随着多省市将"大喇叭"纳入农村公共服务建设的重要环节，"大喇叭"又开始响遍农村千家万户，尤其是在新冠肺炎疫情防控宣传中扮演了重要的角色。

　　在连续听了半个多月的大喇叭播报的内容之后，我发现大喇叭主要是以县里的相关部门统一播报为主，村里的干部几乎不使用大喇叭通知相关事情，村干部主要通过电话、微信、上门走访介绍等几种渠道通知和动员村民，这彰显的也是基层治理的精细化和人性化。大喇叭主要作为县级政府统一宣传政策的工具，在政治宣传和社会动员方面发挥着作用，持之以恒地将党和政府的声音传到农民的耳中。

仔细思索之下会发现，当前的"村村响"大喇叭，作为管理工具的角色发挥得很充分，但在提供服务的角色方面还需要进一步探索和尝试。在服务型政府建设的大背景下，"大喇叭"不应该仅仅是一个管理工具，更应发挥好服务作用。当前，村庄中年轻人不多，因此，播报的受众主要是老人和儿童，面向乡村社会、以老人和儿童为主要听众群体的广播，就更需要满足这两大群体的需求。目前，农民的养老问题和留守儿童的教育问题，已经成为全社会关注的热点，针对这样的现实问题，广播中应该增加老年人健康知识和农村留守儿童安全教育等方面的内容，如此，方能体现服务型政府对农村社会的服务。

所有的基础设施建设，最终都要回到一个为谁建、服务谁的问题上，"大喇叭"既然是作为"农村公共服务建设"的重要一环，就应该重点发挥好"服务"的功能，而不是仅仅扮演一个方便政府进行管理的工具。俯下身子，倾听群众的心声，从群众切身需要来考量，才能真正把好事、实事办到群众的心坎上。

紧张的迎检与闲适的乡村生活

快到年底了，省里将派出检查组。尽管他们是委托市里组织检查，但是大家也得花费大量的精力去准备。因为这些检查与各级干部的绩效挂钩，一级追责一级。以往常经验来看，按照第一名的标准和要求去准备，才能如最初的预测那般，获得差不多的排名，但是如果稍有松懈，排名便会落到预期之后的位置。

1. 领导的注意力与乡村的资源

通道县与自己毗邻的两个省份的县城有较大的不同。旁边省份的县城，都因为是西部省份，能够获得来自东部沿海城市的对口支援，接收到一些项目和资源，从而得以把一些产业逐步发展起来。古伦这个缺资源、缺项目、缺人才的湘西山村，下一步的建设走向何方，以及如何争取资源，成为每次干部们饭桌上必定讨论的问题。

从在村里公共空间、主干道两侧种上一些野菊花、灯笼花，到建立各村干部交流的古伦大讲堂，再到制作一些特色的农副产品推销给各个餐馆，每天，村干部们都在思考如何能够吸引到领导的注意，从而获得领导的关注，为村里争取到一些项目和资源。

没几天，就会有村干部从城里买来几盆鲜花放到桥边的护栏上。过几天，又有干部制作了几个烫金的立体大字立在村口。

大家都在默默期待着，哪天领导从村里路过，或者临时来村里检查部署工作时，这些别出心裁的小设计，能够成功吸引到领导的注意力，获得领导的青睐，并招揽来发展的项目和资源。

2.等待被抽检的日子

忙了一天之后，村里的干部们又聚在一起吃饭，主要是为了第二天的检查做准备。到了年底的两个月，村里大部分的工作都放在了迎检上。这次的检查是省级的抽检，要从县里各抽取一个重点村、示范村、脱贫村进行检查。这次检查直接关系到县里的工作成绩，对今后争取资源的重要性是不言而喻的。为了迎接这次检查，少锋哥被叫到县里和镇里各开了一次迎检会议。

最先抽的是脱贫村，没有抽到古伦村。大家的心依旧悬着，互相说："明天大概率是要抽到咱们。"

第二天抽的是重点村，还是没有被抽到。大家的心还是悬着，都互相说："看来明天肯定就是咱们了！"镇长为了稳住阵脚，还专门带人下来以检查其他工作的名义，再次看了一下迎接检查的准备工作。

村里的两位干部按照计划，第二天就要去参加某个培训了，晚上少锋哥心急如焚："万一明天抽到咱村，人手不够怎么办？连带路的向导咱都找不齐呀！"于是，只能打电话，让两位村干部暂时先不参加培训，下次有机会再去。

为了等待最后一天的抽检情况，吃完晚饭后，少锋哥直接睡在了村部楼办公室那张硬梆梆的长椅上，静静地等待着第二天早上的电话。

清晨的阳光从窗户射进办公室，把桌上的文件照得金黄金黄的，仿佛秋天田地里整齐堆放的稻穗。窗外，画眉鸟在河边的树上跳跃着、鸣叫着。消息发来，古伦村没有被抽到，大家悬了三天的心这时终于放下。但是村干部还得到镇里去开个关于这次检查的总结会。

认认真真准备一场，最终没有被抽到，也许有些庆幸，因为这样就不存在被查出问题的风险；也许还有些许不甘，毕竟工作做得不错，也认认真真、全身心投入准备了那么久，没有被抽到便意味着少了一次在县领导眼前展现工作成绩的机会，毕竟县领导班子刚刚换届，获得他们的关注和认可是何等重要。

总之，省级抽签没有被抽到，大家脸上的表情总算是从紧绷慢慢变得舒展了。就连村部三楼的两个大喇叭，也在中午欢快地响起，大声播报着新型农村合作医疗保险缴费的通知。上午开完会后，驻村的王书记便开车回家了，杨队长把村部食堂的碗洗了之后，也找人聊天去了。

3. 阿叔也曾是侗戏头牌

中午的饭桌上，听到古伦村没有被抽到检查的消息，阿叔非常高兴，倒满整整一杯酒，大口大口喝了起来。

阿叔给我讲起，村里现在都没有什么文化活动了，想放松放松都找不到啥好的形式了。我好奇地追问之前村里的文化活动都有些什么。阿叔这才聊起，2000 年以前，村里每到冬天农忙结束后，大家都会聚在一起准备唱侗戏，就是根据村民日常生活中的故事，编写剧本，然后提炼唱词，再根据情节谱写曲子，并通过芦笙、琵琶等乡间乐器进行配合。农忙结束后，大家每天会排练几个钟头，到了春节前后，就穿上民族服饰，热热闹闹地唱上几天。

阿叔当初还是古伦村侗戏唱得最好的俊后生，整个牙屯堡镇十里八村的村民都喜欢他唱的侗戏。我大为惊讶，眼前每天朝夕相处的阿叔，竟然是全镇的侗戏头牌。这时，阿叔掏出手机，手指在屏幕上快速地滑动着，焦急地找着某个聊天框里的链接。

阿叔找到视频链接，播放出一段视频。视频里，是一段一个多小时侗戏的记录。阿叔是男一号，和他一起搭台唱戏的还有三位唱功扎实的少女。这段名叫《浪子回头》的侗戏，一看就是取材于村民生活、典型的开展村民道德教化的戏曲。

我认真地看着，尽管我不太能听懂侗话的台词，但是我看着他们在搭设的实景里，踩着节奏，一唱一和，随着伴奏声的变化辗转挪步，表情自然且富有表现力。

阿叔说，不记得是哪年了，至少有 15 年以上了，这出戏还获得了那年通道县戏曲比赛的第一名，因此才被摄影师记录下来。过了这么多年，自己都忘了，有一天突然被人翻出来，上传到了微信公众号上。

阿叔回忆起，自己的爷爷、父亲当年都是村里唱侗戏的一把好手。据村里人讲起，爷爷当年到隔壁乡镇去唱侗戏，因为长得俊俏、清歌动人，硬生生被隔壁乡镇的一个村子扣在了当地，非要让他为村里多唱几天。

不过，到了少锋哥这一代，已经不会再唱侗戏了。

"现在大家都忙着赚钱，都一天到晚干活呢，哪还有时间唱侗戏？我们当初唱戏的戏服都锁在村部楼积灰了。"阿叔略有伤感地说着。

这让我想起我小的时候，云南西南地区流行唱花灯剧，唱的也都是一些生活中的家长里短，那个时候爸妈非常喜欢听。还记得家里刚买 VCD 的那几年，爸妈找了不少花灯剧的 VCD 碟片，每天干完活，都愿意打开电视听一会儿，那是忙碌一天后久违的释然。在我童年的记忆里，县城中心就有一个大型的花灯剧团。不过从我上小学开始，那里就慢慢变成了超市和小吃摊。这几年，又被改造成了城市中心广场，以前的痕迹早已荡然无存。而自从我上学以后，爸妈工作更加辛苦，也再没有听过花灯剧。

这个明媚的初冬中午，在这座阿叔口中已经历经几十年风雨的侗家木楼里，我欣赏着十多年前留下的一段侗戏，影像画幅并不是很清晰，但唱词却录得很清晰，它留下了阿叔年轻时灵动婉转的唱腔，还有那传情达意的步伐和手势。这段有点斑驳的影像，仿佛是古老侗戏在这片小山包里最后的辉煌。

4. 山地上的畅想与希望

下午，少锋哥脸上满是疲惫，好在迎检工作告一段落，他总算可以调整一下了。看着久雨初晴后明媚的阳光，少锋哥邀约我一起到山里走走，听听山的声音。

我俩骑着摩托穿行在山脚的田间小路上，路边长满了齐腰的杂草。尽管小路狭窄，坑坑洼洼，但是泥土路上，依旧能清晰地看出小车和摩托车的轮胎纹路。

我们骑车穿过，路边草丛中的蚂蚱纷纷从草尖跳入田间，蜻蜓跟在我们身后欢快地盘旋着。拐入一个山包，又看见几块零碎的菜地和几丘形状各异的水田。菜地上种满了青白小菜，间或有几丘稍微大一点的田地，低矮的架子上，碧绿的罗汉果挂满藤蔓。在阳光的照耀下，田间闪烁起星光点点。

又拐入一个山包，一片小小的田地出现，我惊讶于这山间村民改造田地的能力，在我以为下一个拐角即将是山林时，却又跳出被开垦过的田地，其间甚至还点缀起几片鱼塘。

当我们到达山脚的时候，看到河边有一栋小木屋，一层养了几只鸽子，二层有个小小的观景台，还有一个供人休息的房间。左侧是一个凉亭，墙角下，河水从水泥管子里奔涌向水渠。这小屋像极了我脑海里汤姆叔叔的小屋，但更像梭罗在瓦尔登湖旁建立起的小木屋。少锋哥告诉我，这是大伯在退休以后，到这山脚的溪边建的一座小木屋，他时常过来小住，并种点小菜，找一些田园乐趣。

我们顺着山脚越往上走，便能看到越来越多的抛荒的田地，田里的杂草有的甚至接近一人高。少锋哥指着山包里一块平整的田地说："这就是咱们下一步发展的重点，把这里改造成农场。"

"主要种植啥呢？"我好奇地问。

"主要就种植茶油树，这个价格不错，几百块钱只能买到一瓶，经济效益好。就是不知道以后价格会不会跌。毕竟种的人多了，吃的人不一定增加，有多少人会愿意花这么高的价格买这个东西吃呢？"少锋哥谈起了自己的计划，同时也说到了自己的隐忧。

也许是因为村里近几年遇到了类似情况的原因，大家都变得更为谨慎。村里很多人家这几年都在种植罗汉果，但是罗汉果的价格波动很大，村里种植罗汉果的农民都是在和广西桂林的一家加工厂合作。大果能够卖出 6

元一个的价格，但是中果就只能卖到 2 元一个了，小果的话，仅能卖到 5 毛钱一个。因此，农民们细心照料田间的罗汉果苗，旱了浇水，瘦了施肥，挂果后逐个观察修剪，都是为了能结出大一些的果子，卖个好价钱。但是自从去年疫情开始，这家厂子的海外销路大减，价格一下子降到了前年的一半。如今，疫情还未结束，今年价格如何，明年又该种植多少，村民们心底都没数。

为此，阿叔和几位村里种植罗汉果比较多的村民，上周专门骑上摩托车，翻过几座大山，到了邻省广西桂林市的那家厂子，非得当面问一问接下来两年的价格走向，才好安排下一年的种植规模。厂子负责人说，今年在千辛万苦的努力下，市场又打开了，价格回升了，可以保证大家今年的收益，但是接下来的两年情况会是什么样，谁也不敢打包票，毕竟市场瞬息万变，随时都会变化。尽管接下来几年还是不确定，但毕竟今年的价格有了保障，阿叔还是和几位村民一半欢喜一半忧愁地回来了。

农业就是这样，除了种粮食作物是有国家最低收购价作为保底外，其他的作物抵抗市场波动和抗风险的能力太弱了，市场稍微起伏变化一下，农民一整年的辛苦可能就白费了。因此，很多村民还是觉得打工实在，毕竟打工能够拿到多少工资是确定的。但是，这几年，打工的辛苦也萦绕在古伦村众多村民的心头。

村里有位在广东打工的村民，在餐饮业勤勤恳恳拼搏了十几年，已经小有成就，随着经济条件逐渐改善，他就把老婆孩子也都接到了城里。作为村里最早一批在马路边盖起自己三层小洋楼的"能干人"，村里人对他既羡慕，又佩服。三个月前却传来消息，这位村民眼里的"能干人"，在连续加班几天后，在回家时突然就猝死了，年仅 45 岁。这一事件在村民中传开，大家都私下小声议论着。尽管都不会拿出来大声说，但是凡是感到辛苦疲惫、劝自己和他人休息一会儿时，都会说起此事。

我和少锋哥爬进山间，由于到山里来的村民越来越少，山路中间都已经长满杂草。在那些茶油树和杉木树混合栽种的林间，茶油树长得十分瘦弱，并且已很久没人打理。望着一片高出我半米的高草地，少锋哥拿出手机，给我拍了张照，说："这里原来就种过一批茶油树，但是村民忙着出去打工，没人来打理，两年后茶油树就被这些野蛮生长的高草给盖死了！"我大为惊讶，这里已经一点看不出曾经种植过经济作物的痕迹了。

我担心雨后初晴，茂密的草丛里会不会突然窜出一条毒蛇，因此细致地观察着，我既没有看到蛇，也没有看到任何茶油树的影子。

"我打算过两年把这片山地流转了，这样集中种植，村民就有积极性了！"少锋哥说完，我们便转头静静地望着这片随风摆动的杂草。

村干部组团到镇政府加班

就在我和灯哥两人将盘根错节的数据线、电源线、连接线捋顺，并成功完成视频测试时，来村里了解工作进展情况的县政府人员走进了侗见楼一楼。看到我们通过网络将村里和外部世界联通起来时，他们也非常兴奋。这次来的是负责联系村里的政协刘主席，他带着县乡村振兴局的李局长一行人来到古伦，想听听古伦产业发展的计划。

1. 莹莹溪水辉映农舍

我、少锋哥和灯哥便随着四位政府的干部，绕着村子徒步考察了起来。来村里快一个月了，这也是我第一次绕着村里的小巷，仔细观察，用心欣赏。

小巷的沿途，是缓缓流淌的小水道，大都只有三四十厘米宽，沟里溪水清澈，映照着阳光，并反射在斑驳的墙壁上。小水道旁，时而有几间宽篱笆围成的小院子。院子里，几只鸡鸭在欢快地啄土觅食，我从半身高的篱笆探过身去，小鸡吓得立马跑开了。

"有水的村寨，真有灵性！"我不禁感慨道。

几位干部都表示认可，他们也都很惊讶，原来古伦村还有这么细密的水道，从村寨后面的山间流淌下来，流过每一家的墙沿、院落和屋角。保护并开发好每一家院落旁流过的小水道，立刻成为几位干部热烈讨论的议题。

小巷曲曲折折，但由于侗族的老屋布局错落有致，所以并不显得幽深，反而阳光充足。冬日的暖阳从老屋的墙角射出，温暖着这个古朴的侗族村落。时而还会遇到几家院子的主人，在用竹竿搭起的架子上，晒着刚刚洗净的小萝卜。浅黄的竹架上，翠绿的萝卜叶和白白的萝卜，次第搭在竹竿两旁，在金色阳光的照耀下，甚是好看。

村寨背后是一片山林，当地人将其称为"风水林"。"依山傍水"这四个字，在侗族村寨的布局中，简直如信仰一般。"风水林"里，翠竹和各种树木搭配其间，在微风的吹拂下随意地摆动着，好似在欢迎远方来的客人，一波一波荡过去。

山脚下，由于很多村民建起新屋，已经搬到村外的马路旁，所以空出了许多的老屋。在风雨的侵蚀下，一些老屋显露出斑驳的旧影，老屋旁的小道，已经长出一层薄薄的浅绿色青苔，搭配起老屋灰黄的木板，有着经历风雨仍然在言说着悠远故事的感觉。望向老屋，我甚至想，如果一位诗人住到这里，也许能够写出那种带有满满历史尘埃且温情的词句。如果是一位画家，是不是也能描摹出这青苔和木板背后记录的寻常百姓家的欢快、痛苦与艰辛呢？当然，如果用这老屋来作一些泥塑、陶艺的展馆，或许都直接省却背景搭设了。

我们围着小巷走了一圈，恰好绕村里的老屋一周，然后又重新来到河边的风雨桥前。这座跨河而过、连接起村寨和村前稻田的风雨桥，无言地矗立着。从桥上护栏穿过的水渠上，有村民用木板拼成的盒子，种了一盒一盒的蔬菜，从薄荷、小葱到蒜苗，搭配着这座老桥，体现出一种嫩芽破土的生命力。远处的电线杆下，几只鸡在稻田的稻茬里，穿梭觅食。

每看过一处风景，大家都热烈地讨论着村庄怎么发展，留下一串欢快热烈的声音，在小巷里久久回响。

2. 农村酒席的嬗变

送走四位干部，我便随村里的干部们到了镇上，参加一位女士的婚礼。这位女士是镇里负责联系古伦村的同志，所以村里的两委干部和驻村工作人员都一起前往了。这位女士，在我来的一个月里，已经见过三次，所以也一同前往。

根据相关政策，公职人员婚礼的酒席规模受到严格的限制，不能超过30桌。在向一对新人道过喜之后，我走上楼看了一下，大概有25桌的样子，酒席也全都外包给了餐馆来负责，甚至连用餐的碗都是一次性的纸碗，筷子也是一次性筷子，菜品简单但味道不错。

最近一个月，是村里办酒席的密集期。周日那天，阿叔就对我说："今天你自己做饭吃吧，我和你阿姨两个人，今天一天要赴三场酒席。"我为此专门请教了一下阿姨，现在村里婚丧嫁娶办酒席有哪些变化。阿姨说："现在村里几乎很少有人在自家请客了，大部分人家，都是到镇上或者县里的餐馆办酒席，一来是省事，二来村里也没有那么多场地。"

"那些有专门的公共空间用来办酒席的村子呢？还像以前一样，把村里人都叫来帮忙，请个一天或者两天的客吗？"我好奇地追问。

"即便是那些有公共屋子用来办酒席的村子，人们也很少在村里宴请了，大都还是到镇里或者县上，让酒店餐馆来操办。因为村里的年轻人都出去打工了，办酒席找帮厨的人都找不到。留在家里的大都是老人和小孩，老人又大都得带孩子，有的家里一个老人要带两个孩子，根本腾不出手来帮忙。所以呢，大家都去餐馆包席了。"阿姨细细解释着。

"那这和以前变化大吗？"我想听听阿姨自己的感受。

"那变化太大了，以前一家办事请客，几乎要把半个村子的人都请上，因为需要互相帮忙，但是现在，叫村里人的越来越少了，去做客的除了亲戚，大部分都是工作的同事和朋友，而且都是只吃一餐，不像之前请个一两天。"阿姨无奈地笑了笑。

这可以算是一个巨大的变革了，村庄的空心化、商业餐饮的发展以及人们交往半径的增大，使得村庄生活不再是村民们的重心。原来把村民凝聚在一起、共同筹备食物和举办仪式的酒席，现在大部分已经被商业化的餐饮所取代。村里哪家再有婚丧嫁娶，参与的村民也越来越少，村民一起参与、互相沟通的机会和时间也在流逝。公共生活的减少，其实也导致了村庄共同体意识的减弱。

还没等我来得及细细思索农村这些生活的巨变，灯哥便告诉我，晚上村里的两委需要一起到镇政府加班，因为明天又会有一个大的检查。灯哥问我是愿意和他们一起去镇政府加班，还是先把我送回村里。我自然是愿意和他们一起去走走。

3. 村两委集体到镇政府加班

匆匆吃完晚饭，我便随村里7位干部赶到了镇政府大楼里的一个会议室加班。大家紧张地整理核对着各种材料，手上的笔飞速地在各种表格和台账册子上不停地写着。由于很多事情我都帮不上忙，我便乘此机会到镇里的街上找个理发店，修剪一下我这一个月来肆意生长的头发。

整个牙屯堡镇有179.9平方公里，辖23个行政村、1个居委会、166个村民小组，总人口有2.3万多人，侗族占了总人口的90%，其余的以苗族为主，是全县农村人口最多的乡镇。我走在镇里的街上，尽管才晚上8点不到，已经十分冷清。超市里，只有两三个购物者，看店的老板娘正抱着孩子，头也不抬地在收银台后刷着快手。

镇街上十字路口的一家生活日用品店，老板娘叫了四五个店主，在店门前放着音乐，欢快地跳起了广场舞。旁边的一家鞋店，店主是一位中年大叔，则早早地收摊关门。在这个800米左右的镇街上，有五六家夜宵店，也都十分冷清，店里都没啥客人。我问起理发店老板，街上怎么冷冷清清的？

"都没什么人在家，老人孩子晚上也都不出门，只有到了过年前后，年轻人都回来了，街上才会热闹一些！"老板回应说。

我心想，难怪有人发文感慨说："不要再骂小镇青年，小镇已经没有青年了！"如今看来，这里的小镇已经如此平和与沉寂，到处透露着典型的中老年气质。

当我理完发回到镇政府大楼时，村里的几位干部还在紧张地准备着材料，并不时到楼下与镇政府加班的工作人员核对相关材料，看看材料还缺什么，哪里还需要完善。

"你写的这个入户，得有照片作证，不然谁知道你去没去！"一位年轻的工作人员一边说，一边对灯哥递过去的材料一页一页翻着。

灯哥一脸无奈地说："我们村里干部培训的培训，准备检查的准备检查，我好几次都只能一个人去入户，这让谁来给我拍照？"

"你可以自拍呀！"这位工作人员斩钉截铁地回答。

"我一个大男人，每次走进一户村民家里，就拉着人家说：'来，咱俩来个自拍吧，我们工作需要。'这对我来说，得多别扭呀！"灯哥双手一摊，一脸苦笑。

"总之，如果你材料不齐全，没有照片作证，人家肯定重点检查你！"工作人员再次提醒道。

"你们的这个材料不行，你们的会议记录里显示，这个最终要为村民解决的事情没有做成呀！"旁边的一位工作人员转过头来对站在一旁的妇女主任杨大姐说。

"这个没有搞完，也不是我们能够决定的，资金被砍了呀！"杨主任解释道。

"你们的这些公示材料不符合文书书写的要求呀，检查是过不了关的！"

……

镇政府三位工作人员在审核着村干部们送来的材料，村里的几位干部不断对材料进行核对、修改，反反复复，楼上楼下跑，一直忙到了夜里10点多。此刻，镇政府大楼外的马路上，过半个小时才有一阵车子驶过的声音。

环境整治疲劳战

　　年底各种检查组相继到来。搞好村里的环境，不仅能给各级各类检查人员一个好的第一印象，而且人居环境本身也是一项重要的检查。

　　周四，我主动参与到了村里的环境整治工作中。其实也就两项工作，一项是把路边的野树、枯草、白色垃圾都清理了，尽可能劝村民把村里主干道两侧的私搭乱建拆了。另外一项就是把从每家屋旁流过的小水道中的污泥碎石清理干净，让清澈的小溪重新点缀起村庄。

　　从乡道进入村中心的道路，只是一条宽度不足 4 米的水泥路，而且弯弯曲曲，普通的大巴车根本无法开进村子里。一般的小轿车也无法在这条路上会车，如果路上遇到，距离路口较近的一辆只能先倒车回去，一辆通过之后，另外一辆才能通过。

　　幸而这条村道只有 700 米左右的长度，因此倒车的压力也不是很大。但毕竟是通往村中心的主干道，车流量较大，不想法子解决也不行。为此，村里在道路中间开辟了一块停车场，作为中间的会车点。但是由于一直没钱进行硬化，依旧还是黄土铺成的空地，直到现在也还没有利用起来。

　　连接村外和村里的，还有一座大约 8 米长的小桥，拉货的重车很难通行。桥一侧的路边，还有为圈养鸡鸭和堆放柴火而搭建起来的小屋，让这条村道显得更为逼仄。

　　我跟着村里的干部，帮村民把堆在路边的柴火一捆捆运走，再把马路边的堆物区域收拾干净。

　　"虽然严格意义上来说，路边的这些堆放物都属于私搭乱建的违建物，但是在农村，你不可能说严格按照文件规定直接就给人家拆了，或者直接让人家搬走，这样村民接受不了，咱们只能今天打扫一点，明天收拾一块，随着路边慢慢变整洁，村民们也不好意思，自然会自己把杂物挪开。"灯哥看着因为打扫卫生而忙得满头大汗的我解释着。

主干道收拾完后，我和村干部又进入村里的巷道里，一起收拾村里的小水道。有一些地段的小水道，里面堆满了碎石、瓦片和砖头，我们需要把这些杂物清理出来，让溪水能够清澈地流淌出来。有的小水道里，全是乌黑的淤泥，也得一铲一铲清理出来。还有的小水道边上全是杂草，我们也得一镰刀一镰刀割掉。

幸而这次少锋哥动员了村里的四位阿姨一起加入劳动，就连自己的妈妈也被叫来，一起开展清理工作。

望着几位瘦削且双鬓有点泛白的阿姨，我脑海里回想起，十多年前，我还在念初中，村里需要每家出一个劳动力去整治村里的河道，由于父母都不在家，我只能作为家里唯一的劳动力去参加村里的河道整治工作。我用稚嫩的肩膀，扛着家里大大的锄头，参加到了村里的"大会战"中。一百多人，不分男女老少、一起抡起锄头干活的场景至今留在我的记忆里。

夕阳从房屋的屋檐落下，望着眼前这八九个人，再转头一看村里细细密密、绕房屋而过的水道，我叹了一口气。我循着一条堵满杂物的小水道，向着上游清理而去，竟然看到一家的洗碗池。望着那油腻腻的源头，脑海里又浮现出村里主干道旁边被运走又被堆起来的柴火。我突然间觉得，在农村从事这些杂物和小水道的清理工作，俨然是一场西西弗斯式的工作，你才清理完，立马又有新的杂物堆起来。村民缺乏公私观念，就连村里的公共广场上，也都堆满了村民建房屋用的砖头、沙土，而且一堆就是半个月以上，更别提这些在小水道源头搭设的洗碗池了。

这是一场公私观念和清洁理念的变革，绝非一两日能够完成。也许，改变观念远远比清理这些有形的堆积物、杂物难多了，因为观念永远在人们的脑海里，根深蒂固，不像有形的锄头、铲子，观念触不着、冲不走、挖不掉。

晚上，吃过晚饭，我躺在床上看书时，不禁倦意袭来，不一会儿，竟然累得睡着了。

为了迎接检查

我原以为周末的两次加班，任务已经很重了。可没想到，周二早上，当我到达村里图书馆时，看到广场上停满了车子，村部楼下，人头攒动。

1. 乡村环境治理中的实际困难

一问之下才知道，原来为了月底省级示范村人居环境的检查验收，镇政府中除了有会议和需要值班的人员，其余的工作人员由镇长带队，到村里来参与环境整治工作。

村里出了 15 位村民，村部的 8 位干部，加上镇政府的大约 30 人，五六十人就这样开启了轰轰烈烈的环境卫生大整治。村民们房前屋后乱堆乱放的柴草、小巷里乱丢乱扔的垃圾、道路边丛生的杂草以及私搭乱建之物，都是清理的目标。

当大家走到一栋老屋时，便开始犯难了。这是一栋连体的房屋，原来的几户都已经建了新房，搬到马路边去了，在这里住的只剩下一个老奶奶。搬出的那几户，房屋因为年久失修，从房顶到楼板都已经腐朽了，按理说应当算是危房，但是如果算是危房的话，这栋房屋就要被拆除，但坏掉的那部分房屋，又恰恰和现在老奶奶住的那部分房屋是一体的，两者连在一起，根本无法分开。

"这可咋弄？"大家一致望着这栋破烂的木房子叹气。

"我们只能先把上面容易掉下来的碎瓦和房梁弄掉，这样安全一些。"其中一个人建议道。

大家就拿起竹竿，小心翼翼地掀掉一块块碎瓦和一根根腐朽的横梁。

过了一会儿，大家又开始犯难了。"这也不行呀，这毕竟是栋危房，哪天再掉东西砸到人可咋办？"又一个干部提出了自己的疑问。

"不拆的话，这一半危房肯定不符合上面关于人居环境整治检查的标准，可要是就这么拆了，另外一半好的房子也会受到影响，你让这位老奶奶住哪里去？"旁边一位乡镇干部又提出了自己的看法。

正在僵局时，一位年长的干部说："都别争论了，咱们先把这里的卫生打扫干净，具体这栋房子怎么处理，请县里的专家来看了以后再定夺，咱们听专家的意见。"

一群人又围着村寨继续往前走。遇到路旁的一片草，立即割了；看到一堆木料，又立即帮村民抬进院子。

可是，走到一个村民家的门口时，又犯难了。

原来，一位老爷爷为了养点鸡鸭，在自家屋子的外侧，用几块简易木板搭设了一个窝棚。按照检查的标准来看，这当然算是私搭乱建，可村民搭设个窝棚养点鸡鸭，在农村又合情合理。遇到这样的情景，镇长也很无奈，只能让人把村里的书记和副支书都叫来，请他们俩去做工作。作为80后、90后村干部，面对村里的长辈，少锋哥和灯哥也只能展现出一脸无奈的表情。

这一天，村里的各个角落都是乡镇干部和村干部们忙碌的身影，即便是年轻的女干部，也是一手拿着夹子，一手提着袋子，沿着村庄小路捡垃圾。

2．没有解释空间的检查

之所以半个镇政府的工作人员都在工作日来到村里开展卫生整治工作，就在于这是一次省级的检查。在这种跨越了多个层级的检查中，任何的瑕疵和疏漏，都会影响到对多个层级政府工作的评价。另外，这种跨级的检查，凡是发现问题，被通报的是县委县政府，乡村和乡镇没有进行解释的机会和空间。发现问题，上级政府只能"照单全收、举一反三、立行立改"，不管因为什么问题被通报，下级都要接受，否则就可能会被认为是认识和态度问题。

为了防止上下级政府在检查督促工作中的"包庇"和"共谋"，这种跨级的督促和检查越来越多。

为了迎接跨级检查，县里负责联系的房管局和镇里的干部纷纷出动，参与到乡村的工作中，自然而然就变成了常态。

这也让我想起一件事情，一天下午，两个中年人开着车，带着两个年轻人来到村里。他们说是一家人，儿子是学服装设计的，临近大四毕业需要做毕业设计，因为看到微信上的推文介绍，知道村里有侗锦，想来村里看看村民家里的侗锦，进行一些拍摄和学习。

灯哥拉上我，联系到了一户村民，愿意给他们展示一下家里织的侗锦。在整个参观的过程中大家交谈十分愉快。临走时，来访的几个人丝毫没有流露出要和我们留个联系方式的想法。作为东道主的我俩也不好开口，只能热情地送他们离开。

晚饭时，听我俩提起这个事情，一向性情温和的少锋哥非常紧张，生气地批评我们两人毫无警惕性，到了年底这么重要的关头，万一今天下来的是省里的明察暗访组怎么办？尽管从头到尾来访的几个人都只是在学习侗锦工艺，我们俩也都热情接待，全程陪同，但是让少锋哥这么一说，大家都挺紧张，所有人都吓出了一身冷汗。无奈，大家只能表示，下次看到村里来的陌生人，一定要热情上前询问，然后及时告知村干部们，百分百做好应对和接待。

从这小小的一件事就能看到，跨级检查的压力使得村干部们时刻紧绷着神经。甚至连村里的老支书、老主任都在感慨，现在的农村工作着实不好做。各个条线的工作千头万绪，早些年是在保证不出事的前提下，只要基本完成上面下达的各种任务就好，也就是各项工作追求个达标和及格就行。现在是努力拿九十分还不行，因为大家都拼了命地争先，只有排名争先靠前，才能被评为各种重点村、示范村、试点村，也才能获得更多的项目、资源和领导的关注。

这种农村工作特点的变迁体现在每一个很小的细节里。有一天，我和灯哥路过村里的风雨桥，桥边围了一圈篱笆。不过篱笆的两根横梁没有搭配好，竹片内侧白色的一面漏在了外面。灯哥看着，一脸无奈地说："老主任他们做事就这样，只求把这个事情做了，完成任务了，也不在乎好不好看，标准行不行，这个篱笆但凡调整一下，让竹片的绿色外侧朝外，颜色就会协调很多，整个效果不知要美观多少，但是老主任他们会觉得这不重要。"

看着桥边的那圈篱笆，我陷入了深思。

基层工作的压力与边界

新年的第一天，孩子们早早地来到了村里的图书馆，开心地玩耍了起来。我带上八九个孩子，拍了个满意的新年祝福视频，孩子们手舞足蹈，摆着各式各样的姿势，或作揖、或打拳、或旋转，玩得不亦乐乎。

1. 小城假日

随着回家的年轻人越来越多，广场旁边的小卖部里，打麻将的人越来越多，关店的时间也越来越晚。为了开拓生意，小卖部老板还特地搭起棚子，买来了一张台球桌，吸引回村的人来这里打台球。

假期难得，我便与附近小学的几个教师一起相约，前往县城看电影。这时我才想起，来通道县这么久了，我还没有好好去县城走过。我们光是开车到县城就花了一个多小时。县城的步行街上大部分都是十五六岁的年轻人，街道旁边，人气最旺的也是年轻人们最爱打卡的奶茶店。仅仅一个路口，在相隔不过50米的地方，就开了三家奶茶店。整个县城只有一家电影院，排片极少，看电影的人也不多。

整个县城由九座桥连接起河的两岸，河岸边闪着五颜六色的彩灯。由于是冬天，到了晚上七八点，河边散步的人就很少了，路上的汽车反倒是很多。

没想到的是，在这元旦假期，我们到闹市区附近的一家餐馆吃饭，晚上9点，餐馆里就只剩下我们一桌人了，服务员在柜台旁百无聊赖地等着我们结束。

这座县城是改革开放以后才建起来的。改革开放前，通道的县城在县溪镇。不过，老县城现在已经变成一个小乡镇的街道了。遗憾的是，即便这里没有疫情，但是人口的大量外流，使得新县城并没有多少人气。

附近乡镇的人来这里路程太远，需要的时间太长。人们吃饭和消费更多还是在小镇上，其他的日常用品则都依靠网上购物了。

2. 从"线"到"锤"，基层工作压力大

尽管是假期，但是镇政府里加班的工作人员依旧不少。第二天与镇政府的工作人员吃饭时，大家再次为即将到来的几项年前检查而忙碌。

大家对当前的工作调侃地笑道："基层工作的压力大啊！"

近年来，我在基层听到不少类似"上面千条线，下面一根针""上面千把锤，下面一根钉"的说法，这种不同的比喻，其实体现的是基层压力的不断增大。

近几年来，随着干部考核和各项检查的增多和精细化，乡镇干部陷入了一个"责任无限大，权力无限小"的困境。现在所有的职能部门，只要是上级，都对乡镇干部有考核权，而且这种考核制度只对下不对上，这就使得乡镇干部面临着各种各样的检查和考核，不管哪项工作没有做好，都要被问责。

国家繁重的治理任务，最终都要落实到基层的乡镇和村庄。很多工作，都需要动员广大的村民来一起开展，比如正在搞得如火如荼的农村人居环境整治。但现实却是，农村里大部分劳动力都外出务工了，留在家里的人，多半是年纪大的人，不是要带孩子，就是要忙活田里的庄稼，没有精力参与其中。

在农村动员村民参与各项工作，远比在城市社区要难得多。这一点，我在一次图书馆排班尝试中有了切身的感受。由于考虑到过年前我有一些工作要处理，也要尽早计划回家的各项事宜，我准备根据有意参与图书馆值班的家长名单做一个排班表，让大家轮流值班。这个原本看上去非常简单的事情，实现起来却比我想象的难得多。

前段时间有一部分家长来值过班，但他们说，还有很多有孩子的家长没有参与进来，因此他们不愿意就在这几十个人里循环。但是要让全村有

孩子的家长都轮流值班，有的家长又不愿意了，因为有的家离村里的图书馆太远，他们来得很少；有的家孩子大了，孩子来得也不多。如果按照有孩子的家庭来轮班，肯定有一部分人不愿意。可要是按照大家自愿的原则，那么来的人就更少了，来的这部分人会觉得自己吃亏了，来一两次便不再来了。因此，如何定一个规则，尽可能让村民参与进来，且能循环地轮班下去，成为我和村里几位干部讨论的重点。

经过一番激烈的讨论，我们最终达成一致：距离图书馆比较近的六个村民小组，凡是有小学六年级以下孩子的家庭，每家都要参与值班；而另外两个距离图书馆比较远的村民小组，以及家里孩子已经上初中的家庭，可本着自愿的原则来参与值班，不做强制性的要求，但是要参与进来随时欢迎。同时把图书馆排班表进行公示，让大家既有荣誉感，又能相互监督。而且每个季度都对值班情况进行统计，并以此为基础进行奖励，以提高大家参与值班的积极性。

我在很多单位都参与过类似的工作，在政府、军队、学校，我参与过很多次的值班和排班，但这次却是我第一次在一个没有边界的群体内排班。这不仅需要大家认可这个值班的理念和规则，还需要大家尽可能减少相互攀比，当一部分人觉得这不公平并质疑其他人为什么不参与时，这个值班秩序便无法维持下去。

农村的各项工作，又去哪里寻找一个清晰的群体边界呢？只能尽可能往前推进。

第五章

文化振兴，何以可为

艺术团体送戏下乡

今天，天气放晴，但是温度依然很低。麻雀在树梢上梳理完羽毛，然后又迅速飞到电线上。一大早，吃完饭，阿姨就到地里种油菜去了。

中午吃饭时，负责包村帮扶的政协武局长来到村里，她在村里还有 3 户结对帮扶的困难户。武局长在基层乡镇工作了 11 年，后来在教育局、房管中心都工作过。她穿着一件米白色的羊绒外套，留着齐耳的短发，看起来干练而年轻。职级并行改革之后，她去政协任四级调研员。

中午饭间，阿叔与武局长不停地在谈论少锋哥的婚姻大事。在农村，接近 30 岁还没有结婚，这件事便会成为父母的心头大事。交谈之间，阿叔情绪显然有些激动。武局长临走时，阿叔拉着她的手，请她帮忙多多关心，还特地装了几个刚刚从地里收回来的大白连登让她带回去。

堆放在大门口的连登鲜嫩饱满，我第一次看到的时候，非常好奇。

"阿姨，您还种了那么多连登呐！"

阿姨笑了笑："我这两天再不把它们挖出来，它们就快烂在地里了。"

"那为什么不拿到集市上去卖一卖呢？"我好奇地问道。

"这东西，在大城市或者在其他地方喜欢吃的人可能不少，但在我们这里，大家见得多了，没几个人愿意花钱买了吃的。"

也许，这就是农产品的运输不畅，以及生产地和需求市场之间缺乏对接造成的吧。我想了想，尽管我可以通过微信帮阿姨把这些东西卖出去，但是这里的物流成本极高，村里虽然挂上了美团和淘宝的互联网电商牌子，但是，寄快递和取快递还得跑到镇上，要想在村里取到快递，就得额外出钱，请乡村物流服务的运输人员帮忙代取回村里。而且，水果生鲜的寄送要求很高，农村的包装和物流很难满足相应的标准。

大概下午 2 点多的时候，村里鼓楼的戏台上，已经传出阵阵音乐。大音响传递出重金属风格的音乐，吸引来 30 多个老人和妇女，也有 20 多个学龄前的孩子跟着老人一起来围观。在这时我发现，村里学龄前的儿童还真不少，但是图书馆却只能吸引来 10 多个孩子。

循着音乐声，我和武局长、驻村的杨哥一起走过去，看到鼓楼的戏台上，几个身穿侗族服饰的少男少女，正在紧锣密鼓地准备着歌舞表演。

武局长告诉我，这些演员是县里民族歌舞剧团公司的，今年县政府掏了 70 多万元，通过政府购买服务的方式，让他们到全县 150 多个村庄开展"送戏下乡"活动。平均一天三场，要在年底前表演完。尽管演员们头戴银色的头饰，手拿长长的竹笙，但我依旧觉得，这些只是有侗族文化的形，而无侗族文化的神韵，更缺乏民族文化的感觉。

年轻的演员们在寒冷的天气里，接过妇女主任递过来的"酒糟饭"，品尝着香甜的醪糟，戳开流着金黄蛋芯的荷包蛋，开启了新一天的表演。平静的古伦村，难得有如此热闹的时刻。县民族歌舞剧团公司的这场表演，给这些留守乡间的老人带来了些许难得的慰藉。表演从下午 3 点一直持续到了 4 点半，最终聚起来了 60 多人。

晚上，饭桌上遇到了古伦村的老支书和少锋哥的大伯、姑父。

老支书是位爱作打油诗的乡村诗人，为人热情豪爽，席间举起酒杯就为我赋诗一首。只是，自从来到古伦，连日喝酒，也让我有些吃不消。但老支书说，爱喝酒既是古伦村人的缺点，也是古伦村人的优点。这儿的人热情好客，村里人守望相助，不管谁家有红白喜事，即便是远在广东打工的人，也会尽量抽时间回来。尽管我对这句话持疑，但是老支书说，村里到现在依旧还是"路不拾遗，夜不闭户"的状态，我确是亲眼所见，很多村民家夜里确实都不带锁门的，周围邻居到谁家里找人，也都是直接就进家门了。

大伯原是县里林业局的高级工程师，姑父原是县里法院的法官，两人都是当地有文化、有声望的人，由于喜爱乡村的环境，退休后都选择"叶落归根"，回到村里生活。大伯甚至还在山脚盖起了小木屋，并在屋旁种起了蔬菜，养起了鸽子和草鱼，隔三岔五便去住上几天。

一群人围饭桌而坐，下面烤着炭火，上面吃着酒菜，侃侃而谈，也正是这里的交往方式之一。考虑到晚上还有工作，我就给好友菜菜发信息说："天天喝酒也不是事儿呀！"没想到菜菜立即给少锋哥和灯哥发信息，说"千万不要灌正新酒"。少锋哥和灯哥一脸疑惑；"我们没有在一起呀！哪里来的酒？"一分钟后，少锋哥就打来电话，问我在和谁喝酒，如果实在喝不了了，就说喝不了就好。半个小时以后，王书记和灯哥还专门来侗见楼看我是不是喝多了。

入夜之后，这个小盆地中的山村，静谧而美好，四面环抱的群山，如低头的金刚，在守护茂林修竹掩映下的一座座侗家楼房。

这一代农村人的心灵秘史

"李博士，你沾购了吗？"这是我到村里之后，遇到村民时最常被问及的一句话。"沾购"在侗话里是"吃饭"的意思。村民们问我这句话，不单单是客套地打招呼，他们的的确确是愿意邀请我去家里吃饭。面对村民们的盛情邀请，我总是得想出各种合适的理由来婉拒。

只是，今天，这位粟阿姨同时邀请了村里小学的李老师和我去她家吃饭，我正想婉拒时，李老师表示了答应的意思，我也不好再拒绝，只得一同前往。

到了粟阿姨家中之后，听李老师和粟阿姨聊起天才知道，原来粟阿姨曾是村里这个年龄段里第一个到广东打工的年轻人。粟阿姨小学毕业就在家里帮忙干活，十八九岁就很快结了婚，现在已经是一个7岁女孩和一个4岁男孩的奶奶。粟阿姨20多岁便离开农村，到广东去打工，进过车间，当过车间组长，也到富裕的人家做过保姆，很早就接触到新潮的事物和现代化的生活方式。

粟阿姨在谈话之间，能够将待人接物之道拿捏得恰到好处，即便在家带孙子孙女也比村里其他爷爷奶奶更有办法。大孙女在粟阿姨的引导下，性格安静专注，能够很快地学习各种新的知识，相比于同龄的孩子，小女孩是唯一一个能在图书馆完整阅读完一本书的人；小孙子则为人懂礼貌，十分阳光活泼，且敢于表达自己的想法。

粟阿姨到广东打工之后，还不断地接待从老家到那边打工的人。她在广东的出租屋，当时成了村里人到那里打工落脚的第一站，粟阿姨还给初到大城市的村民们介绍城市里的各种生存法则。在村民领不到工钱揭不开锅时，粟阿姨也会临时借他们一点钱，帮他们暂时渡过难关。

有了小孙女和小孙子之后，粟阿姨才回到了农村的家里，一边带孩子，一边忙活家里新房子的建设和装修。瓷砖、铝合金、落地窗、罗马柱，当我看着室内的设计、夸赞粟阿姨家里装修得很漂亮时，阿姨感叹地说："我们这一代人，辛辛苦苦赚了半辈子的钱，都用来盖房子了，一方面是观念造成的，另外一方面，我们也希望把房子建得好些，我们的儿子女儿、孙子孙女就能把更多的钱和精力，花费到其他方面的发展上！"

聊天时，粟阿姨的形象总让我想起费孝通小说《茧》里的女主角宝珠。

1938 年春，完成博士论文答辩之后的费孝通，在闲暇之余，用英文写就了一部小说，这部小说一直被尘封在伦敦经济学院图书馆的"弗思档案"中，直到 2016 年才被发现。2020 年底，费孝通诞辰 110 周年，这本书才被翻译成中文出版。小说的女主人公宝珠，原是苏南农村里的一个童养媳，因为一些致力于中国工业建设的社会改革者，在太湖地区的乡镇上建起了制丝的新工厂，以试图改善农民生活、推动乡村工业的现代转型，主人公宝珠就这样走出乡土，进入工厂，并在工厂里被选为了工会主席，不断接触更加广阔的世界。也恰恰是在这个从乡土走向现代工厂的过程中，童养媳宝珠逐渐成长为一个有主见、有独立思考能力的现代女性。

眼前的粟阿姨，又何尝不是在从乡土走向城市的过程中，逐渐变成视野开阔、性格包容的独立女性。清华社会学系的美女老师杜月，还专门借鉴芝加哥学派关于"边缘人"的概念，并在分析后提出，中国人的人格发展，需要个体去不断扩大他对于外界的接触，从乡村进入到城市文明中，去感受文明的冲撞，然后释放出人格的活力。

这种视角认为，当一个人脱离传统的社区进入城市，他不仅经历了地理空间的流动，更深层次的是，绝大部分人都会经历一个人性的转折，他会得到一种解放，即从原有的社会组织之中解放出来，从而获得一种"开明的目光"，这种"开明的目光"来源于，这个跳出原有组织的个体能够以陌生人的角度和眼光，站在外面去看待之前生活的世界，使得经验得到积累。最为难得的是，这个外出的人，当他遇到挫折与困难时，他的心灵深处，一直有一片故土，而故土悄悄作为他心灵深处的彼岸世界而存在，使得他能够承受各种艰苦的生活。

所以，我在乡间行走，经常能够听到村民讲述某某人很有成就，一般都是强调这个人年纪轻轻就出去打拼，不仅学会了城里人经营事业的思维和方法，而且还保持了乡下人的勤劳、踏实和淳朴。这就是在强调这些外出之人看到了不同的风俗习惯，思维不再受很多传统的束缚，同时能够吸取两种文化的长处，为人处世方面也能更加游刃有余。

村里的主要干部，少锋哥、灯哥无不是在外求学、工作多年，开阔了眼界，同时考虑家庭的原因，也因为对乡村生活有起码的喜爱，才选择回到村里担任村干部的。

然而，上述种种所说的，都只不过是走出乡土后阳光的一面。改革开放四十多年，大规模的农民进城务工，他们的内心深处和个体人格究竟经历了怎样的成长与裂变，他们的生存肌理和内心隐秘究竟有哪些明灭起伏，还值得我们更多地去书写，这或许就是这一代农村人的心灵秘史。

小乡村里的"集体欢腾"

周二上午是县里文旅局协同市里的日报、县电视台来村里采访的日子。

为此，大家纷纷准备了起来。整个村子的热情都被调动起来了。这还是我来村里后，第一次看到这么多村民热情地参与其中。

1. 我想错啦？

早在一周前的周四一大早，县文旅局的杨副局长便和县图书馆的馆长和副馆长、乡镇文化站的站长以及当地侗族文化传承方面的代表等一行人，事先来村里了解情况。

在交流座淡会上杨局长说："我也知道现在到了年底，村里有各种工作要做，大家非常忙，特别是还要面临人居环境整治的检查，但是如果咱们春芽图书馆这个点宣传好了，在乡村振兴中打出了咱们文化振兴的牌子，以后市里乃至省里重视了，也能给村里拨付一笔经费，这样咱们也就有了更多的发展资源。现在我们也都强调提供公共文化服务，建设文化驿站，这些都可以融合到村里各种建设里的。"

杨局长一直在感慨，自己也是后来听市里的人提到才了解到，有这么一群人在如此偏远的小乡村做着这么有意义的事情，并如此关心着农村留守儿童的发展。县图书馆的馆长也表示，愿意选出一批书，流动到村里的图书馆，让村里的孩子有更多的书籍可看。同时，他也希望组织县图书馆的员工们，一起来村里的图书馆开展共建活动，为孩子们进行一些绘画辅导、绘本共读的活动。

杨局长还建议周二那天，村里出几个节目，向前来采访的记者们展示一下侗族的特色文化。

上午的交流座谈结束后，灯哥问我："你觉得上午座谈的几位领导怎么样？"

我思索了一下，说："我整体感觉比较实在，说的都是实实在在的事情！"

"是吧！很多都是站在为村民增加一些服务、为村里带来一些资源的角度，实实在在说的话。"灯哥也肯定了我的想法。

"只不过，"我犹豫了一秒，还是决定说出来，"时间这么紧还让村里出几个节目，本来不就是来考察采访的吗？那专注做这个事情就好啦，还整这些虚头巴脑的干啥！是不是有点形式主义了？"

"这次你可错啦，博士！"灯哥哈哈大笑，却并没有给我解释缘由。

事实证明，我不只错了，而且这件事开启了我的另外一层认知。

2. 村民们忘我参与的事

周四晚上，我到村民家中做完家访，快步走回图书馆时，竟然看到旁边的村部楼灯火通明，会议室里不时传出阵阵歌声。我走上楼去，悄悄打开会议室的门，看到十多位阿姨和五六位叔叔正在学习新歌《萨文化之歌》。这是一首侗族歌曲，但由于不同地方的侗话发音差异较大，阿姨和叔叔们热烈地讨论着每一句歌词的字应该如何发音最合适。

为了4天后的采访，这些忙碌了一天的叔叔阿姨，就这样坐在会议室里，一遍一遍学唱着，我从他们的脸上没有看出一点不情愿，反倒是极其享受这个过程，而且越唱越高兴，他们用歌声展现出自己的另外一面。

这些平日里埋头种田、洗衣、做饭的叔叔和阿姨，在歌声里绽放出自信的笑容，他们仿佛换了一个身体，换了一个灵魂，在歌声里，只有那些爱美、爱艺术的侗家子女。

看到一旁既惊讶又感动的我，大家一致邀请我加入文艺队，并一句一句教我学唱侗歌。我们一起唱到了晚上11点半，大家才意犹未尽地散去。

第二天晚上，已将歌曲唱熟的阿姨和叔叔们，又排练起了舞蹈。我、灯哥与村里四位侗家叔叔，再加上六位阿姨，一起组成了《萨文化之歌》

的歌舞队。我们一遍遍排练着，大家越来越沉浸在一种歌舞的美妙欢腾之中。尤其是几位阿姨，节奏感很强，歌声动人，动作轻盈。大家在没有指挥、也不会看谱的情况下，非常完美地配合着唱出了男女合唱的二声部效果。在活动的准备过程中，似乎村里春芽图书馆的推广已经不再是最重要的工作，侗歌热情的展示才是村里的重头戏。

我非常清楚，图书馆的事情，这些整日在田间地头劳作的叔叔阿姨们都不懂，他们也觉得自己帮不上忙，但是把侗家人的热情好客通过歌舞，给前来的客人展示出来，这是他们能参与其中最好的方式。更为重要的是，在歌舞的排练中，他们获得了另外一种体验，跳脱出了繁重琐碎的日常生活，找到了另外一个自己。也就是在唱侗歌、跳侗舞的过程中，他们变得开心、忘我。

为了保证节目的效果，周一一大早，村里的老支书、灯哥便一起驱车到百里外的广西集市上买侗琵琶去了。村里这头，阿姨们都在家里准备各种招待客人的食材和米酒。晚上，大家都聚在村里的戏台、服务大厅，为明天的文艺节目进行彩排。村民们围着炉火，坐在戏台下的广场上，为第二天谁负责什么、各项流程如何衔接等问题建言献策，从9点多一直讨论到了11点多。每个人都积极贡献着自己的想法。

这一幕真正让我受到震撼！社会学专业、做社会工作的教师、学生，经常在农村、城市的各社区开展乡村建设和社区营造，最大的难题就是如何动员村民和居民参与进来。而此刻，为了明天的采访，为了展现侗家人的热情好客，接近30位村民大冬天聚在露天广场上，详细讨论着接待来访工作中的每一个细节，小到某袋辣椒从哪位阿姨家里出、哪几家的勺子使用起来更顺手这样的小事。

近年来，这种村民热烈议事的情景，在越来越空心化的农村愈加少见了，而且组织这场讨论的，是村里的老支书和一位有威望的阿姨。村里现在负责的村干部只需要在一旁说清楚流程、提供好各种保障即可。村民们为了准备第二天的"合拢宴"凝聚到了一起。这种由各家出一部分菜肴、酒水，用长木板拼接起来，摆成一字长龙的宴席，需要很多村民来合力完成，是一种最能吸引大部分村民参与的公共活动。

入夜的星空下，大家在讨论着、谁家出酸肉、谁家带酸鱼，哪家拿油茶。

也就是在那一刻，我才为之前一直觉得奇怪的一件事找到了答案。刚来村里时，我经常被邀请去村民家里吃饭。每次去吃饭我几乎都能看到村民家里的碗底上写着字，我仔细辨认了一段时间才发现，原来那是主人家姓名里的一个字。由于经常需要各家做出自己家里的菜肴，带上家里的碗筷凑到一起组成"合拢宴"，在碗底写上自家的名字，在宴席结束后，自然最方便找到自家的碗了。

在解开了心底的疑问之后，我再次意识到，"热情好客"这四个字，对村里的公共文化生活来说其实是一个非常重要的文化资源。中国的很多地方，特别是农村及少数民族地区，当地人在自我的认知建构里，都有一个词——热情好客。很多地方为了实现这个"热情好客"的自我期许，都会通过一起准备丰盛的宴席、排练热情的歌舞，以神圣的仪式来欢迎客人。这些活动又大部分都是群体性的，这对于当地村民的团结和协作其实是非常重要的契机。人们恰恰是在一起打造"热情好客"印象的过程中，实现了共同体内部的交流、沟通与协作。

很多风俗当然也需要随着时代的变化来进行改变。比如，那天夜里，经过一番讨论，村民们一致认可，为了活动的顺利开展，需要将原来放在"合拢宴"之前的"拦门酒"改造成"留客酒"。一方面是为了保证工作的顺利完成，完成工作以后再喝酒，这样才不会使酒量不好的客人因在一开始进寨门时喝了酒，而出现工作失误。另一方面，将欢迎仪式变成热情挽留客人的告别仪式，期待客人下次再来，更能给客人留下一个好的印象。这种移风易俗的改造，不仅保留了传统的仪式和文化，使之更好地适应现代社会人们的工作生活节奏，也赋予了这些传统民族仪式更多新的意味。

3. 我也上台唱起了侗歌

周二这天早上，村民们 8 点多便已经忙活开来。市里、县里、镇里，加起来一共来了四十多位客人。我带上客人们参观这个位于偏远山区的农村图书馆，讲述着这个名叫"春芽"的图书馆，是如何在村里和社会各方力量的支持下，从一个闲置废弃的老村部楼变为了今天藏书已达9000册、且能通过各种活动吸引村里留守儿童前来看书的文化中心。

在介绍了图书馆的情况后，我们还相互交换了微信，之后文艺活动开始了。尽管这些节目，领导们想必都已经在各种场合看过了，但是看到上百位村民聚集到这里，看到安静的乡村瞬间热闹起来，领导们也都非常受感染。人群里不时传出阵阵掌声，大家拿出手机拍下各种照片和视频。

村民们前后一共表演了7个节目，最后一个节目也恰恰是我和村里文艺队一起表演的《萨文化之歌》。当我走上舞台时，台下都欢呼了起来，很少能够看到一个清华的博士研究生加入乡村的文艺队伍，和村民们同台表演的，大家为此都非常兴奋。

《萨文化之歌》主要是讲述一个年轻的侗族人，向着大地追问侗族从哪里来，是谁创造了侗歌、侗锦、侗款等这一切丰富多彩的物质和文化。当一个人叩问大地这一切来源的时候，恰恰是一个人追问自身从哪来的时候，这也是人类最容易达成情感共鸣的时候。只是，侗族人把这个问题的解答交给了"阿萨"，也就是让老祖母来解答。侗族早先有着深厚的"萨文化信仰"，但如今已经很少见了。这首歌曲，节奏激昂，配舞奔放，十分有激情，引得现场传出阵阵掌声。

4. 带孩子们从头认识一本书

节目表演结束后，家长们带着村小里的孩子，走进了一楼的"侗见"公共空间，我邀请了自己在清华、北大的同学作为线上志愿者与孩子们交流。其中既有从小有留守经历的人，也有研究少数民族山歌的同学，他们与村里的孩子们热情地交流互动，孩子们还为线上的哥哥姐姐们合唱了两首侗歌童谣。

而后，我给孩子们上了一节简短的书籍分享课，主要是带着孩子们认识一本书的结构。孩子们每天在图书馆进进出出，我还从来没有带他们认认真真认识过一本书。

我先是以一本书为例，带着孩子们了解了一本书的封面、封底、书脊、勒口、环衬、扉页，并且给他们讲述了每本书的不同部分一般都含有些什么样的信息，我们应该怎么认识不同部分的作用。

"同学们，请你们每人拿一本书，让我们一起来认识今天这位'小书'同学的不同部分，好不好？"随着我的号召，孩子们便一人从书架上找出一本书，识别了起来。这时，还有几个小朋友来到我跟前争着问问题。

"最前面的为什么叫封面呢？"

"为什么有的书没有叔叔说的'勒口'呢？"

"书封面和封底中间围着的一条带子是什么呀？"

孩子们急切地向我提问着这些问题。

孩子的好奇心一旦被打开，他们就会自己去探索那个广大的世界。在孩子们还很小的时候，带着孩子们来这样认识一本书的结构，书在他们眼里就会活起来，他们才愿意把书当作朋友而不是任务。

看到孩子们的笑脸，我知道他们今天第一次发觉，自己每天看到的书原来有这么复杂的结构，每个部分竟然有这么多的学问。

只不过，光认识书不行，还得打造乡村儿童的阅读环境、营造阅读的氛围、提高孩子们的阅读兴趣。但是乡下的孩子普遍胆子小，他们不敢通过讨论和分享来表达自己的阅读体会。所以，我专门邀请了四个孩子，给大家分享自己这两周借回家看的书。

我先请了两个已经上学的孩子，让他们朗读两段自己喜欢的段落，然后再分享自己阅读之后的感受。对于另外两个学龄前的孩子，我则请他们分享自己从书本里看到了什么。孩子们必须学会在阅读后交流与分享，这样他们才会觉得自己的阅读是有意义的，也才会更多地去思考书中每一幅图片、每一个段落的含义。

读了二十多年的书后，我发现爱阅读的孩子，普遍自学能力比较强，现在是知识迭代速度极快的时代，要让孩子们在后续的阶段，有充足强劲的动力去持续学习，就必须培养他们主动阅读和自主学习的好习惯。

阅读活动结束后，采访的记者们都满意地捕捉到了自己想要的镜头，孩子们则更愿意留在图书馆继续阅读和玩耍。

午饭过后，我陪同村干部们与远道而来的客人，一起沐浴着下午的阳光，听着屋角潺潺流过的溪水声，在村里的小道上闲适地走着、随意地交谈着，并不时与侗家木楼前包着白色头巾的奶奶们打个招呼。

路过菜地、凉亭、古树时，我们热烈地探讨起来，才发现其实乡村也有着城市比不了的独特教育资源，比如乡村的自然条件、生态环境、民俗文化，有不少可供孩子从生活中学习的好机会。花草树木、鸟语虫鸣，都是孩子们探索的最好素材。我们今后如何扬长避短，通过诸如绘画写生、标本制作、花草识别、野外探索、凉亭读书等一系列活动，利用好和发挥好乡村的教育优势，增强孩子们对身边世界的感受力和探索欲，是值得进一步尝试的地方。

活动结束时，我们才想起来，原来今天是冬至日，这个偏远的小山村今天却如此温暖。《汉书》有云："冬至阳气起，君道长，故贺。"从这天以后，白昼将越来越长。我们一起站在河边，眺望着远处山脚下的竹林，我们相信，春芽图书馆会发展得越来越好，它会在来年春天破土发芽，茁壮成长。

我创造了山里的洗脑神曲

"博士，你们周二那首歌唱得真是好！"活动结束后的几天，走在村里遇到村民时，他们总是会对我说出这么一句话。

最初，我一直都理解为这是他们热情的恭维。直到我发现，走进村部楼里，村干部们不时高兴地唱几句；路过广场时，广场上正在晒茶油果的爷爷奶奶也在唱；夜里，我从图书馆下楼时，竟然听到连篮球场边的小卖部里，深夜打麻将的人也唱起了那首歌。这时，我才知道，这首歌在这个平日里安静的乡村，掀起一股热潮了。

1. 神曲在哪里？

我打开手机里很久不再使用的抖音，通过附近视频的推荐，猛然看到，村民们纷纷在各自的抖音里，发布了那天我们唱的最后一曲《萨文化之歌》。

晚饭时，阿姨告诉我，她和村里几位村民到广西的工地上做活休息下来时，都会唱那首歌。大家都在说，那天我们合唱的《萨文化之歌》，把村民们都感动了。活动结束后的几天晚上，村民竟然自发地聚集在戏台，唱着那首歌，然后跳起了记忆中的舞蹈。

这时，我终于意识到，这首歌曲已经成为这个小村子里的洗脑神曲，瞬间火遍了全村。

我也是个关注流行文化的人，经历过互联网上诸多的火爆神曲，但是一个小山村里的神曲，我还是第一次经历。

那么这首歌曲为什么能在这个小山村里火爆起来呢？首先，从歌词内容上来说，这首歌曲关注的是侗家人平常所见的侗歌、侗锦、侗琵琶等事物，由于侗族没有文字，对这些东西的起源，一直众说纷纭，谁也说不清楚，而当这首歌曲叩问这些东西从哪里来时，恰恰击中了长久以来萦绕在人们心头的疑问——我从哪里来，我们侗族的一切又是谁创造的？对于这个人类的永恒追问，歌曲并没有提供某个确定的说法，而是追溯到侗族人遥远的萨文化信仰，让人们去问老祖母。这种对老人经验的尊敬，恰恰获得了村民的情感共鸣，并击中了村民们内心最柔软的部分。其次，这首歌曲的歌词朗朗上口，旋律跌宕起伏，非常适合对唱，最能展现侗族人心中的文化自豪感和自信心。最后，最为重要的，还是这次活动的带动效应。这首歌曲，让平日里安静冷清的侗寨变得热闹起来，村民们重新聚在一起唱歌、跳舞、做饭、宴请宾客；这次活动，把村民们聚到了一起，让他们的付出得到了外界的关注、欣赏与认可，既满足了村民的社交需要，又满足了村民们被承认、被赞美的心灵渴望。

借助这次活动，这些曾经十分喜爱歌舞的侗家人，能在很久没有歌舞活动之后又聚在一起，激活遥远的记忆，唱响内心深处的歌声。其实，《萨文化之歌》里的那一个个叩问，都是每一个村民内心璀璨的烟火，这些深植于人性深处的呼唤，只要遇到一丝火苗，就能在一瞬间绽放。

2. 谁在舞台中央？

这时，我才突然间觉得，政府单向地购买各种服务，大张旗鼓地搞"送戏下乡"，其实从效果来看，村民只是来看个热闹，看过之后便大都忘了。相反，这些尊重村民主体性，让村民参与其中，使村民感到自己被尊重、被认可、被欣赏、被赞美的活动，才真正能够激发起村民的幸福感和获得感，他们脸上才能露出发自内心深处的笑容。其实，村民们记忆深处天然地有着对歌舞和文艺的渴望，而且这个爱好不分年龄和性别，它需要的只是组织和引导，如果上级政府能够在这方面多一些支持，增加对农村公共文化建设的投入，那么村庄一定会更有活力。

来村里一段时间后，我时时刻刻感到，年轻人其实能为村庄文化建设做非常多有意义且真正服务村民的工作。村民们也渴望被了解、被倾听。

比如，对于村里的墙画，如果有年轻的学生，能够根据侗族的文化和生产生活，画出一些具有特色的作品，村民们每天从小道上走过，不知得有多开心。我观察了村里的几幅墙画，图书馆南侧那幅反映侗族吹芦笙的墙画，最能吸引村民们驻足观看并发表评论。曾有新闻报道一个学墙画的学生因为给全村画满墙画而带火一个村，我觉得这应该成为年轻人服务农村、服务社会的一个常态。

还有一次，一个由家人陪伴从深圳来的大学生，为了做自己的毕业设计，想到村民家里看一下村民自己织的侗锦。我们将这个大学生带到了一位阿姨家里，这位阿姨热情地展示着自己的作品，并且还不时穿上进行展示。当我看到阿姨在讲解侗锦织造、印染和刺绣过程中眼里那闪亮的眼神时，我就知道，她其实也一直在等待着自己的观众，来向他们展示侗锦的工艺、讲述里面的故事、分享自己的想法。

我经常看到媒体上报道各种给老人画像、录制视频，以及帮助老人化妆、拍婚纱照，或者通过口述史的方法收集老人们的成长故事的新闻，在这些故事里，我都看到了老人们从羞涩到自信，最后展现出由衷的笑脸。半年前，一支寻谣队伍来到古伦村，开展了一次向老人们寻找童年记忆里的童谣旋律的活动，记录下了不少村民久违的笑脸。如果能有多一些这样想法的年轻人来村里开展这种活动，比如，为一百个农村老人画幅肖像画，或者为一百个农村老人写下他们的成长故事，我相信，老人们爬满皱纹的脸，一定都能绽放出世间最美的笑容。

这些活动不仅仅是对个体命运的尊重，也是对时代变迁的记录，更是能够转化为社会治理中的某种润滑剂。文化扮演着铸魂的角色，没有文化振兴的乡村，是没有灵魂的。而文化的建设，对于社会治理，总能提供诸多的助力。

3. 文化也是乡村治理的润滑剂

某个周五，灯哥带我到一位村民家里走访，这位村民已经六十多岁了，原来是上世纪 80 年代到 90 年代村里的支书。

灯哥给老支书看了我们文艺表演的视频，老支书高兴地连连夸好，原本让灯哥不好开口催的老支书缴纳新农合（新型农村合作医疗）费用一事，也在一片欢乐声中顺口说了出来。

新农合从 2003 年开始推行，至今已经实行了十多年，农民普遍受益，让我不解的是，缴费时仍然还要村干部去做大量的工作。原来，在村民的记忆里，始终还记得刚刚实行新农合时，每家每人只交 10 元的场景，当时为了推进农民参与新农合，村干部们做了大量的工作，这十多年来，随着保障范围的不断扩大，缴费的金额也在不断增长。在湖南，2019 年底缴费是 250 元，2020 年底缴费是 280 元，但是 2021 年底则要缴费 320 元了，缴费的额度在逐年增长。村民们认为，自己的收入并没有增加这么多倍，缴费却增加了这么多，所以，有些这几年家里没有生病的老人，便不愿意再缴纳这笔费用了。这时，政府不得不对缴费率进行动态的排名通报，以推进这项工作。由此，村部楼三楼的两个大喇叭，每天中午都定时播放新农合缴费的通知，也就不足为奇了。尽管缴费的方式越来越便捷多样，信用社柜台、小程序、APP、村里的智能 POS 机都能满足需求，但是村民缴费的积极性却有所下降。

"你看，前几年没缴费的，恰恰是后来生病住院的那几家，最后花了一大笔钱，要是缴了费，生病住院就花不了那么多钱了。"灯哥在一家一家上门解释着，然后又一家一家给在外面务工的年轻子女打电话。

不管上面提出多少目标和任务，农村工作最终还得依靠村干部一家一户做工作。如果村里经常有这些文艺活动，村民之间、村民和村干部之间的关系也就会更加融洽。因为只要大家聚在一起办活动，完成一些任务，彼此之间就会体谅各自的难处。

真希望以后村里能多一些流传的"神曲"，村庄能够真正成为"文化的绿洲"，则群众乡愁可寄，乡村振兴可期。

从乡村重返乡村

我是在大年初六，也就是2月6日这天，离开家乡腾冲，准备经云南昆明返回古伦村的。十余天的家乡生活，给了我太多思想上的冲击。

1. 农作物的变迁

老家门前，一条高速公路将门前的大山与村寨分开。而高速路到山脚间的农田，已经没有几家人在种粮食了，人们都种上了林木。大部分人家栽种了杉木，因为不用怎么打理。其间几块农田里种植着果树和棕榈树，这是一些勤于种植的老人闲不住，希望能够种植一些经济树种增加收入。种植得最多的当属柿子树和棕榈树。之所以是这两种树苗，是由于南方的脆柿挂果比较快，一两年便能收获，而且口味也比较受欢迎。棕榈树则是因为云南人喜欢吃棕榈树的花苞，当地人称之为"棕苞"，这是每年春节前后的美食。

十年前，几乎每家每户都会在菜地里种上几棵棕榈树，到春节前后剥开树头，取出棕苞，这是春节饭桌上的一道招牌菜。后来市场经济发展了，人们等不急到春节前才能吃到棕苞，便选择在地里种下棕榈树的树头，等待一两年，便能将树头的嫩芯给吃了，而且味道和棕苞极其相似，苦凉中带有甘甜。

在我小的时候，村里的人都将如今高速路到山脚之间的农田称为"山田"，由于这部分农田大都分布在平缓的斜坡上，因此田块的形状千姿百态、大小不一，最小的仅有五六平方米。只是每年到插秧季节，以及冬季给油菜和小麦浇水的时候，给田里放水十分麻烦。由于从山间流淌下来的溪水要分到不同的沟渠，灌溉许多人家的农田，常常会有不同村寨的人因为放水发生争执。

我到现在都还能记得，很小的时候就被父母派去田里照看着放水。一方面要防止上游的人家把水沟堵死，不让溪水流下来，同时也要防止下游的人家把自己家田前的水坝捣毁。总之要确保每家田里都能流进一些水。

白天我在田边看着水坝，看到往下流的溪水变小时，就沿着沟渠往上游去查看情况。而到了晚上，则换成父亲来田间守水。父亲一守便是一个通宵，累了的时候便用蓑衣垫在田埂边，稍微眯一会儿，一直等到第二天清晨才能回到家。

这几年来，种田越来越不划算。家里吃饭的人少，根本消耗不了多少米，但是家里还是坚持每年都种一季水稻，每到插秧和收稻子的季节，妈妈都要请几天假回来忙活农事。每年收成的米，只有很小一部分是留下来家里吃的，剩下的米，要么送人，要么直接卖掉。而卖的价格大都很低，主要还是卖给酿酒的人。最终的结果是，忙活大半年，也就能卖个两三千块钱。

我多次劝母亲要不就别种了，花那么大力气种田，到头来赚的钱还不如上班半个月赚得多呢，家里吃的那点米，花几块钱在超市买一下就好了，省时省力还省心。但是几年来，父亲都坚持，他说当了一辈子农民，每年的水稻还是要种一下的。

春节前，每次和父母打电话，他们都在说翻了年山脚下的山田就再也不种了。由于旁边的农田全都种上了树木，已经没法再继续放水和耕作了，家里也准备改种果树。但是，为了支持国家保证粮食安全的号召，爸妈还是决定再耕种一下离家门口几百米远的一小块农田，保证供应家里的口粮。

回家后，我到田地间走了一趟，发现自己家里的山田周围已经全都是树木了。离开家乡外出读书十余年，儿时在田间放水灌溉的身影，已经很难再和眼前的景象联系起来。曾经长满水稻、油菜、小麦、土豆的田地，如今已经被比人还高的林木包围了。云南多是山林，其实并不需要种植那么多的树木来涵养水土，这些斜坡上的水田，都是祖先们一代代开垦出来的，如今又重新变为山林，我内心觉得五味杂陈。

由于山田旁边的农田都已种上了树木，家里再种水稻确实已经很难了。即便是从村前高速路到村寨的这部分农田，也有许多人家改种了蔬菜，而不再种水稻了。大片大片的农田已经被抛荒，偶尔看到一块田地里开出油菜花，都惊喜不已。而油菜花，在我离开家乡前的那些年岁里，只不过是田间再平常不过的存在罢了。

2. 流动中的中国

正月初六，我搭上了从腾冲前往昆明的城际顺风车。万万没想到，初六这天高速路上竟然堵车，平常6个小时的车程，这天花了整整18个小时才到达昆明。春节假期行将结束，人们都集中地离开边远地区的农村，到大城市去上班和务工。在拥堵的高速路上我亲身体验了一下汽车轮子上春节后返城的情景，这也恰恰使得我在每一次被长龙堵住时，得以下车观察整个云南西部的村落和农田。

途经大理的一些少数民族自治县时，我能够看到村庄里统一建设的房屋非常漂亮，都是三层的小洋楼，但是村里却没有什么人。由于农民们的田地大都分布在山间和峡谷，年龄大一点的农民还是愿意返回山间进行耕种。整齐的房屋、宽阔的村道、无人的巷道，让这些山间的村落，多少有点让人感叹。远处山腰上邻近田地的村落，房屋分布却极为分散，好几里路才有一户人家。由于居住得分散，政府很难投入大量资金将这类村寨的路面进行硬化，因此村寨里的路也大都是泥土路。

我从滇西地区到达昆明，再从昆明乘车，经过云南东部，横穿贵州，最终到达湖南西南部的怀化。在中国的西南地区，如今种田的人也越来越少，反倒是外出打工的人越来越多，火车上不时上来一群群外出打工的农民。

每一次从外地重新回到古伦村，都能使我清晰地感受到通道县和古伦村在整个中国所处的位置。地理位置的偏僻使得我辗转多地，2月8日晚上8点才到达通道县城。我走下大巴车，车站里几乎没有几个人，在黑漆漆的出站口,为了防止人们踩到门口的积水,有人特地在路上铺上了几块长木板。走到出站口时,也没有了查验行程码、核酸证明以及登记去向的工作人员。我好奇地问起出租车司机为啥出站口没有工作人员,司机笑了笑告诉我:"过年前我们这里对于回来的人,管得非常严格,过完年这里全是外出务工的人,谁来我们这里呀?你看现在县城的街道上也没几个人不是吗?"我向车窗外望了望,街上几乎没有看到戴口罩的行人。想了想也是,我们这最后一辆从怀化市到通道县的班车上,30多个座位也仅仅只坐了12个人。

我只能暂时在县城里住了下来,晚上吃完饭,我绕着小城走了走,街边的很多店铺均已经早早地关门,开着的几家烧烤店和米粉店也顾客寥寥。

第二天,我花了14块钱,乘坐从县城到附近乡镇的班车回到村里。村里依旧很安静,由于春节期间没有任何的施工活动,村口的河水碧绿得像一块青色的翡翠。

3. 孩子的招募广告

刚到侗见楼前的广场,孩子们见到我回来了,高兴得不得了,一个个兴奋地上前帮我提行李、背书包,对着广场上正在打台球的大人们大喊:"李博士回来啦!春芽图书馆开张啦!走过路过千万不要错过!"

最后这句一喊出,我笑得前仰后合。只是,当我走上二楼,推开图书馆的门进去一看,简直快要气哭了:书本和画笔被随意地到处乱扔,玩具被拆散扔得满地,书架上甚至还有零食的包装袋。

这时,三个二年级的孩子看到我生气的表情,就说他们叫人和我一起打扫整理图书馆,让图书馆恢复原貌。听到这里,我便给三个孩子出了个题目,看他们怎么才能找够十个孩子来图书馆一起进行打扫。我让他们开动自己的脑袋瓜,可以尝试各种方法。只要他们能够招募来十个孩子,并通过合理的分工把图书馆恢复原貌,我便会送每个孩子一份新年礼物。

三个孩子一听,便更来劲了,先是站在楼上的围栏边,对着村寨大喊:

"李博士回来啦!"

"李老师回来啦！"

"图书馆今天开张啦！"

"大家快来一起打扫卫生啦，打扫卫生有糖吃！"

"打扫卫生有新年礼物！"

……

三个孩子就这样时而一人来几句，时而又一起大喊。

就这样喊来了两个孩子，还差五个孩子。

三人又一起跑到楼下的广场上，挨个劝说动员，花了二十分钟，又拉来了三个孩子。

现在一共八个孩子，离我要求的十个孩子还差两个。而楼下的"侗见"公共空间里还有几个年龄大一点的孩子，只是三个孩子和他们不熟，不好直接去邀请。

三个孩子在苦苦想办法，突然一个女孩子说："既然今天是图书馆新年开业，那么我们三个是不是写个招聘通告，贴到一楼和广场入口，让其他孩子知道了也一起来？"

我鼓励他们三人可以尝试一下。三人便赶紧冲到图书馆，拿起 A4 纸，用自己歪歪扭扭的字写下招募通知，不会写的字则用汉语拼音代替。写完后几个孩子不满意，还在招募通知上画上了各自的画，画完之后，一个孩子觉得这个招募通知不够吸引眼球，为了能够吸引村里小朋友的注意，她便从羽绒服的兜里，掏出了自己积攒的口香糖贴画，并分给其他两个孩子，让他们将印有奇特图案的贴画贴在招募通知上。

三个孩子就这样拿着招募通知贴到了一楼的大门上和广场入口，看着自己贴出的通知，三个孩子笑得乐开了花。

结果，他们的招募通知真的引来了三位年龄稍大的孩子，大都已经是五六年级。十一个孩子就这样两三人一组，划分了几块区域，开始打扫卫生和整理物品。大家之间还能够彼此合作。

孩子们边打扫边说："图书馆的卫生真是太糟糕了，下次一定要让那些没来打扫的人来打扫！"

"对，还要告诉那些乱扔垃圾的人，绝对不能乱扔垃圾，用完的东西要放回去、放好！"

看到孩子们在打扫卫生的过程中，不仅意识到了要爱护公共卫生环境，而且还要告诉和监督其他小朋友做到不乱扔垃圾、要把使用的物品放回原位，我之前的怨气一扫而空。

仅仅用了二十分钟，图书馆就已经恢复原貌。孩子们打扫得非常认真，甚至还把很多角落也进行了认真的清理。

其实，乡村图书馆的作用不仅仅是让孩子们通过阅读与交流学到知识，更加重要的是培养孩子们的习惯和品格，尤其是在公共场所的习惯和品格。孩子们通过自己组织起来打扫卫生，是真正的自我教育和自我管理，这远比由家长或者老师这样的权威来要求他们做这些事的意义要大得多。在这个通过喊叫、拉人、发招募通知动员起小朋友来图书馆打扫卫生的过程中，孩子们是基于自愿的原则，感受到的是爱护公共空间的责任感，他们不仅自己意识到了某些抽象理念的重要性，而且乐于把这些原则告诉身边的小朋友，志愿精神与公共精神便在这个过程中得到培养与传播。

图书馆壬寅新年的"开业"，在孩子们的手中升腾起美好的图景。

寡淡年味里的隐忧

每天中午 12 点和下午 6 点，村部楼三层的两个大喇叭都要反复播放疫情防控的政策。从春节前半个多月到春节后，无论从哪里回来，无论是来自低风险还是中高风险地区，都要进行核酸检测。对于外出务工的返乡人员，村干部需要挨个打电话联系，确认返乡时间和行程。

1. 公共生活的衰落

由于疫情的原因，村里已经将近二年没有举办任何的节庆活动了，大家都在感概，现在过年越来越没有年味了，随随便便又过了一个年。老人们聚在一起回忆早些年，每到春节，村里人聚在一起唱侗歌侗戏的日子。返乡的年轻人则只能在麻将桌和酒桌上，消耗自己过剩的精力与情感。

这里地处三省交界，加之很多家庭都已经购买了私家车，去往哪个省份旅游一趟都很方便，但因为疫情的原因，大家都只能选择待在家里。

寡淡的年味也让村里的孩子们普遍闷闷不乐，每到夜晚，一群孩子便各自拿上一个手机，聚集在侗见楼一层的公共空间打游戏、刷短视频。我刚回村里那天，由于线路短路，侗见楼停电了。晚上 7 点多，路过侗见楼时，一楼公共空间黑乎乎的，我从窗口往里一看，七八张稚嫩的小脸，在手机光亮的照射下，露出白色的清晰面孔，孩子们目不转睛地盯着屏幕，空间里回荡着手机游戏急促而激烈的声音。外面天寒地冻，屋内由于没有取暖设备，孩子们围坐在一起，沉浸在手机游戏的世界里。

疫情让村庄的公共生活出现了变化，人们互相串门的频率也大大减少了。原本被侗歌、侗戏装点的节日，如今已经被打麻将、刷手机、看电视与喝酒所充斥，就连社会组织精心为村里设计、用来作为村里公共活动空间的侗见楼一楼，也变成了孩子们聚集打游戏的地方。那些动人心弦，并带有道德教化作用的侗歌和侗戏，已经离年幼的孩子们越来越远。

2. 寒假里的作业服务

在和村里的几位家长沟通之后，我决定在村里为孩子们提供寒假作业的指导服务，一方面能够督促孩子们及时完成寒假作业，同时借助帮孩子们检查寒假作业的契机，帮助他们纠正一些在知识体系上记忆错误、辨析薄弱的地方。

看够了孩子在家里整天玩手机看电视，家长们对此举非常欢迎。孩子们也陆陆续续拿着作业来到图书馆写作业，一边做一边询问我。

在给孩子们纠正一些知识点认知和记忆错误的同时，我也感到，学习上能够获得持续及时的反馈，是一件特别幸福的事情，对于很多知识的错误理解，其实会伴随一个孩子好长时间，每当遇到这类问题，思维就都得卡壳。从小学开始，我的大部分知识都靠自学，很多思考和计算的错误偏好，长期没有人纠正我，在很多年以后，我才花费巨大的力气扭转过来。

孩子们陆续带着作业来到了图书馆，家长们也放心了许多。甚至还有几位家长，也意识到该给孩子做个榜样，主动来到图书馆借起了书来看。村民们和我开玩笑地说：“以前我们村里匪气太重，你来了以后，看书的人多了起来，现在有点书生气了。”

河水碧绿，翠竹茂密，孩子们在认真地写着作业。每次和孩子们并肩攻克一个知识难关之后，我都会让他们感受到探索的喜悦。“少表扬点孩子的聪明，多表扬点他们的努力”，这是我最近学到的一个理念，有幸的是我能够带着孩子们一点一滴去实践，而且可以清楚地感受到两者的区别。之前本着保护孩子自信心的初衷，我总会用“聪明”来表扬孩子，可这样一来，孩子总会觉得自己已经掌握了知识，不愿再继续往下学习了，现在我尝试着表扬孩子的努力，在带着孩子一起攻克一个难题和知识点后，孩子能够体会到不着急、慢慢一步一步努力分解进行思考的收获，就愿意继续往下探索。

想来世间事又何尝不是如此？这世上从来不缺聪明人，很多人从小被父母亲表扬人聪明，总以为自己天资聪颖，但是没有认识到努力的价值，遇到一点困难，这点建立在"我很聪明"认知之上的自信，就会遇到很大的挑战。回想起来，这么多年的求学经历中，经常会听到家长们说类似的话："某某孩子脑袋瓜比那谁谁谁聪明多了，但是就是静不下来心，不愿意努力，后来还学坏了，要是认真读书肯定……"

初高中时，总有同学给自己的自我安慰是："我只是不想学，我要是认真学起来，肯定比班里某某学霸学习还要好。"这样的认知其实是很可怕的，成绩好坏很大一部分原因不在于是否聪明，而在于是否努力。因此，家长们从小应该鼓励的是孩子的努力，而不是表扬孩子的聪明，况且，这世上绝大部分人只有小聪明，而且大都会"聪明反被聪明误"，恰恰是那些懂得努力、肯下笨功夫的人，反而能够取得成绩。

3．垃圾清运的骨感

在为孩子们提供寒假作业指导的同时，我也与村里的干部们一起，帮村里谋划起新的一年的发展计划。

乡村振兴，产业兴旺是第一位，而发展产业，壮大集体经济又是第一位的。村里的集体经济不搞活，村民就不信服你，村干部也就缺乏权威。村里目前正在谋划如何把集体农场建立起来，种上一些销路好的农产品，通过认购认种等方式，来解决好销路问题。

除了发展产业，另外一项重要的任务就是搞好环境卫生的整治，解决好当前上级政府十分重视的人居环境整治工作。然后，万万没想到的是，这项任务却让村里的几位干部十分头疼。随着垃圾分类、垃圾统一清运的运行，尽管每隔几天都有县里安排的垃圾车来拉走各个垃圾集中投放点的垃圾，但是村民的垃圾产生量也在不断增加，经常出现才半天时间垃圾桶便满了的情况。统一清运的垃圾车来村里的频率是上级定的，这一年都很难去改变。那么，这些多出来的垃圾又如何处理呢？一旦上级突然来检查，这些溢出来的垃圾，肯定会让村里的全部努力泡汤。为此，镇里的干部也来到村里，一起想办法解决，但至今没有想到好的解决方案。

统一的垃圾回收政策自然是好的，但是在这些偏远的农村，村民居住分散，垃圾车来的频率又是有限的，根本解决不了那么大体量的垃圾。以往村里还养着各种牛羊、生猪、家禽的时候，很多垃圾能通过乡村本身的循环系统得到回收利用。现在由于年轻人大量外出、村里环境整治以及耕具机械化，养大型牲畜的家庭越来越少了。另外，由于这两年村里出现过猪瘟，很多养猪的家庭损失惨重，村里人也几乎不再养猪了。春节前，按照以往的习俗，村里家家户户都要"杀年猪"来迎接春节。可今年春节，全村300多户，只有两头幸存的猪，"杀年猪、请春客"的活动再也办不起来了。

春节前，我参与了这两场"杀猪饭"中的一场，村民们热情地给我介绍起来："这是村里今年唯二的两头猪中的一只，难得吃到，珍惜口福，一定要多夹肉，多吃几块！"

我好奇地问起："翻了年，咱是不是都多养几头，明年多杀几头，多吃几顿？"

没想到，桌上的村民们大都摇摇头说："不养了，现在养猪不划算，而且容易出现疾病。现在我们为了搞好村里的环境卫生，很多人家猪圈都拆了，以后大家都不怎么愿意养猪了。"

听到这个答案，我的心凉了半截，只能无奈地夹起一大块肉送到嘴里，慢慢地咀嚼起来。

由此能够看到，在乡村社会，随着消费的商品越来越多，产生的垃圾也在不断增加，但是消解这些垃圾的传统渠道却在逐步减少，加之政府对乡村人居环境整治的要求也在不断提高，而乡村的垃圾消解能力则还处于起步阶段，如何自行消解这些多余的垃圾，便成为村庄环境治理中一个不得不思考的问题。但有一点我想是确定的，如果用治理城市的思维来治理村庄，不仅不能治理好，反而会在重重压力之下，制造出更多的问题。

4. 勿用城市思维治理乡村

在乡村待得越久，我愈加感到，目前很多针对乡村的治理方式、治理措施，其实是套用了城市的治理方式。如果政策制定者的头脑里，理想的乡村图景是整洁的大马路、开满鲜花的庭院、规划一致的房屋，那么只能说，他们对乡村的想象与理解太过单薄。乡村确实需要改善环境、加强卫生整治，这毫无疑问，但是乡村社会同时也是一个高度不规则的社会。村民们搭个窝棚，养几只鸡鸭，在门前、院子里种点蔬菜而不是花花草草，这些都是村民生活需要的东西，没有什么美不美、和谐与否的问题。好的景观并不意味着要建造亭台楼阁，种上花草树木。好的景观应该是协调人地关系、和谐宜居的景观。

在某些规划者的眼里，必须要整整齐齐、规规矩矩、干干净净才是美。但正如罗素所说："参差多态乃是人生幸福的本源。"大部分时候，保持多样性、错落有致、颜色各异也是一种美，社会最终要的是一种有生活气息的美。我在很多城市周边的街道观察到，街边的饭店、水果店、理发店、五金店都是用统一规格、统一制式、同一字体、同一颜色的招牌时，我是怎么也感觉不到美的，只能感受到这是权力任性规划下的千篇一律。这恰恰扼杀了个性、扼杀了差异，造成了一种审美上的疲劳感，打造出一种浓浓的城乡结合部的单调。

这几年，很多城市社区里，经常出现的"花园"和"菜园"之争，体现的便是人们对美好景观图景的想象差异。很多城市的小区里，设计师们都设计了社区花园，种上了漂亮的花卉。然后，经常出现的一个情况是，小区的居民们时常把花卉移走，在花园里种上各种蔬菜。为什么会这样呢？因为中国正在经历急剧的城市化，很多城市居民都是从农民变为城市社区居民的，他们骨子里还保存着农耕文明的审美和习惯。这同样也是一种对美好生活的需要和选择，和每一种审美一样值得被尊重。

在城市社区的治理实践中，管理严格的小区会严厉整治这样的行为，很快就会把居民们打造出来的菜园重新变回花园。而一些富有人文关怀的社区，则会给居民们开辟出一块菜园，让居民们在里面创造一片田园景观。

每一种景观的规划和设计，都应该更多地去体察和理解那些底层平凡人群的生活方式，理解他们对日常空间的使用和需求。很多人都觉得农村以及一些自发形成的街区，看起来脏乱差。但其实每一种混乱背后都有一个看不见的秩序，很多简单粗暴、整齐划一的规划，最后都会被自发秩序摧毁。最终只能靠在基层工作的干部，进行一场场反反复复、漫无止境的"西西弗斯式"的斗争。因此，任何好的景观规划、政策设计，都应该尊重当地人的自发性，和当地的生活方式融为一体。

所有的纷争，其实最终都只需要回到一个问题上，便有了清晰的答案——谁才是乡村的主人？

农耕文明的"最后一代孩子"

每个中国人的成长历程，其实都是一份历史变迁的标本。

1. 一代人的生命体验

我属于最早的一批 90 后，儿时很长一段时间在农村生活，现在长年在城市学习和工作。这些年来，家乡也已经发生翻天覆地的变化，不再是儿时的模样，闭塞的村庄变成了街道或社区。离家十年，很多儿时的记忆早已忘却，只是在读到某段乡村生活的文字，或者看到某个熟悉的场景时，记忆里的画面才会被瞬间激活，然后接连几天，一发不可收拾地想起儿时的乡村生活。

有一天，我在村子里看见一农户家院子里的鸡跑回窝里、郑重其事地准备下蛋时，瞬间勾起了我对童年的回忆，我猛然想起儿时的一个感动瞬间：我把手伸进家里的鸡窝里，用小小的手掌在稻草盘成的窝里一点一点向前摸着，并从鸡屁股下接住一个刚刚落下的鸡蛋，鸡蛋壳的温暖从我手掌传递到心间，并带来一汪无言的惊喜。

我突然意识到，这样的人生体验，似乎只属于农家孩子。而且 00 后的一代，已经极少再有这样的生活体验了。我们这批人的成长历程，似乎恰逢几千年农耕文明的余晖。像我一样的大部分农村孩子，尽管从小在农村长大，双脚踩在农耕文化的水里，其实整个人早已是现代人的思维了。

从幼儿园起，我一年四季绝大部分时间，是打着电筒、照着漆黑的土路去上学的。路旁不是环村而过的小河，就是高高低低的农田，时而出现一堵往侧边倾斜的土路，一不留神人就会从土路上滑下去。村庄的道路，是由泥土和石块铺成的，路的中央是一条四十厘米宽的石板路，两侧是泥土。每到雨天，石板一角翘起，石板下全是积水，一脚踩踏上去，就会被溅一身泥水。当然，每个月也有那么几天，月光的清辉洒满石阶，我走出小巷，在月光的照耀下踩着村路上的石板走向学校。经年累月的时光里，"黑泥白石反光水"是我上学时反复默念的生命体验。

上了研究生以后，在学校里做助教，读着00后一代的成长经历，再到农村与2010年后出生的一代孩子朝夕相处，我更加深刻地意识到，自己已然是农耕文明的"最后一代孩子"了，甚至早已不是一个完整的农民的孩子，只是在生命的早期，从那个农耕文化的大山里孕育出来而已。我所经历的不仅仅是一个生活环境的问题，更是一整套农耕文明的生活方式、思维认知和价值伦理，其中包含着衣食住行、神话想象，以及乐趣、崇拜与敬畏。

我常开玩笑说，我曾经只是"半个农民"，我从事农业劳动的经历并不完整，我下田拔过秧苗、割过稻、打过谷，却从来没有下水田插过秧；同时，我割过草、喂过猪、养过鸡鸭，却从来没有放过牛。当然，缺了这些环节并不意味着我就不是一个农村孩子，也不是我不愿意参与农业劳动，而是文明发展阶段不允许。我没插过秧，是因为我要上学，要完成家庭作业，所以每次都被家里安排相对轻松的做饭和送饭的任务；尽管每天都能看到邻居家水牛耕田或吃草，却从来没有当过"放牛郎"，是因为我出生时，由于父辈分家，家里已经把耕牛全都卖了，只剩下一些耕田的农具。18岁离开家上大学之前，我的整个农村生活经历是完整的，尽管随着上学，我逐渐走出乡村，远离田间，融入城市，但农村那一套生活方式和思维观念早已在我心灵深处打上了深深的烙印。

2. 乡村的故事场

云南腾冲，是个极为偏远的西南边境城市。千禧年以前，这里没有火车、没有飞机，通往外界，需要翻过绵延的崇山峻岭。儿时生活的村庄是一个充满神话和故事的小山村。村里人都围着一座小山包聚族而居，大家都把房屋建在小山坡上，用大石块垒起高高的石阶，修建起厚厚的石墙和长长的巷道，山坡下才是沟河和农田。我家便在一个类似土石围成的城堡之上，长长的土坯围墙隔出一道石巷，石阶由巨型火山石砌成，孩童时代的我得手脚并用才能爬上去。家里的房屋便隐藏在曲曲折折巷道的最深处，而屋后是一片随风摆动的竹林和几棵不知年份的古树。

走出幽深的巷道，四五级大石阶梯下，家门前的土石围墙前，是用几块光亮的石板和几块石墩拼凑出的聊天场所，也是这里的公共空间。其间，既有圆形的石墩，也有长方体、正方体的石墩，石墩旁、石板下，杂草青了又枯黄，黄了再次青翠，岁岁年年，石板被闲聊的人磨得光滑锃亮。

每到晚饭过后，附近六七个巷子里的人，便都聚到这里闲聊。从离奇的神话传说，到某家某户的家长里短，家门口瞬间开起了民间故事会。偶尔有个忙完农活回家的人路过这里，也都得停下来，和正在闲聊的人打声招呼，按照自己的辈分，从老到幼都问候一遍。大家也都会把他拉入聊天的队伍。五六岁的我，就这样坐在石凳上，盯着每个人讲话的表情，看着他们手舞足蹈的比划，听着那些离奇的故事，脑海里是一幅幅翻飞的画面。而我的背后是一堵如悬崖一般的高高路基，路基下是一片水田。

幼时的我喜欢听老人们讲关于村里某座山、某口深井，以及某棵古老香樟树的神话故事，故事里充满着巫术、道士、神婆这样的元素。我也喜欢听长辈们聊起祖先处理各种纠纷的经历，但一直都不喜欢听那些鸡鸣狗盗、男男女女、婆媳争斗、儿子虐待父母的闲话。巷子里的大人们，曾经有段时间，反复说起村口的石桥上，曾有附近一家人的女儿和外来的男友，因为恋爱得不到双方父母的支持，绝望跳河殉情的故事。在我儿时的认知里，这不是一个感天动地的凄美爱情故事，而是一个让我心惊肉跳的惊恐故事。所以我每次路过村口的石桥时，手心都冒出层层汗水，立即加紧脚步，以求赶紧通过。

在家门口的这个公共场所，我遇到过富有社会经验且正义感满满的老公安，讲述起在外出警的惊险经历；遇到过曾到东南亚闯荡、和缅甸山兵穿山越岭战斗的大叔，描述起缅甸原始森林中弥漫的瘴气；也遇到过在大城市四处打工漂泊、最终身无分文归家的年轻人，回忆起在外闯荡的孤独无助；还遇到过刚刚刑满出狱的少年杀人犯，眼神惆怅地懊悔少时的冲动。这些经历奇特的人和他们身上光怪陆离的故事，都让年少的我，对外面的世界充满想象。

3. 孩子的期盼

但我眼前的世界，依旧只是那几座大山包围下的小小村庄。公共聊天场所的东侧，是两棵当地特殊的古茶树，树叶刚出芽时呈紫红色，等长大后便变成了绿色。或许是曾经历过大饥荒，老一辈传下了吃这种树叶的传统。每年春季古茶树发芽时，人们都会将嫩叶采摘下来，焯水后加酱汁或者豆豉做成炒菜。由于家里的后院正好有五棵这样的古茶树，炒茶树叶便成了我儿时最喜欢的一道菜。每年三四月份，我都会背上背篓，爬上高高的古茶树，采下紫红色的嫩叶，期待着妈妈做出满口生香的美食。

家里后院的古茶树，长得有十多米高，枝干已经生脆，谁也不知道有多少年份了。大人们都觉得爬树危险，我却乐此不疲地爬上去，越爬越高。因为站在树尖，我便能看到一片片瓦房的屋顶，还能看见远处县城白色的高楼，以及县城后山上高高耸立的白塔。在幼时的我看来县城里白色的高楼，远比我眼下那一片黑白相间的瓦片屋顶美得多，简直令我充满无限期待与向往。还有那县城海关大厦的钟声，每到白天整点，都会响起报时的钟声，那是我每天都要认真细数的声音。在举目皆是大山的村里，这是一个年少的孩子对城市的向往。

家门前公共聊天场所的西侧，高高路基下有几块长方形的土坑，当地人称之为"粪塘"，是用来堆放猪圈、牛圈里发酵好的有机肥的。我们村化肥的使用非常少，村民们每年收割谷物之后，都把稻草、麦秸秆，扔到猪圈、牛圈里，这些稻草和麦秸秆通过动物的粪便发酵后，便成为每年种田种地的农家肥。特别是在种植土豆、油菜、小麦、玉米的时候，放的有机肥越多，作物长得越好。附近几个巷子的人，如果哪家当年养猪较少，农家肥不够，还得和旁边的邻居借几担农家肥，不然当年的作物一定长得是"面黄肌瘦"。

粪塘一家一块，整整一排土坑用来堆放有机肥。如今的我们很难想象，村里的主干道旁边是一堆堆由动物粪便和植物秸秆发酵而成的农家肥，而人们就围坐在离着粪塘仅五六米的石板上，每天开怀地畅聊。其实，进出猪圈、牛圈是农村人每天的生活，猪和牛也和人居住在一个院子里，这些农家肥的味道都是生活中村民们早已习惯的味道，人们并不会觉得有什么奇怪。

农家肥土坑的南侧，是一块用方形石板拼凑而成的广场，大家叫它"晒场"，主要是用来晾晒各种谷物的。每年收完稻谷、油菜籽、小麦之后，村民们都会在广场上铺上几块帆布或者塑料布，把谷物平铺在上面进行晾晒。而我们这些孩子的任务，就是看着晾晒的谷物，然后每隔一段时间便进行翻搅，搅累了便在晒场东侧那排高高的杉木树下乘凉休息。那时的我尽管极不情愿看守晒场，但是给我的分工是这样的，也不得不看着。特别是到了秋天收完稻谷的那几日，放学后、周末就得一直看守晒场。

漫长的等待与照看是痛苦的，翻搅谷物的几分钟，或许是最为欢快的时刻了。与很多孩子用竹耙、木耙翻搅不一样，我觉得那样不利索。我直接脱下鞋子，让稚嫩的小脚在晒布上快速行走，用双脚在晒布上来回走出数道双排直线，从而把下面的谷物翻上来晾晒。尽管小脚丫子经常被稻谷扎得生痛且全是红点，但是一两次以后，我便适应了那种疼痛。

彩云之南，天气说变就变，一看到头顶多了几块乌黑的云彩，心里便焦虑起来，是把晒布上的稻谷收了呢，还是再等等看，让乌云消散、阳光重现？对一个七八岁的孩子来说，时刻观察天空、被乌云牵动心绪确实不是一件愉快的事情，但是每次坚持住，把乌云等走，阳光重现的那一刻，仿佛是老天开了眼恩赐了一份礼物一般，内心是极度喜悦的。

只是，偶尔也会有暴雨突然来袭。那就是一场十万火急的"抢救战"，如果暴雨来得急，是来不及把谷物装进口袋的，只能迅速把谷物聚拢在一起，堆成一座小山包，用晒布围拢起来，再盖上塑料布和稻草。等雨过天晴，阳光出现，再重新打开晒布，把谷物平铺开来进行晾晒。

每到太阳落山，需要收拾晒场的谷物时，人们便拿出一只只蛇皮口袋，先用手扒拉半袋子谷物到口袋里，再用铲子一铲一铲装满口袋。所有的工作都得赶在天黑地上起露水前完成，否则晒了一天的谷物，干燥程度就得大打折扣。

晒场的西侧，是一条缓缓流淌的小溪，村民用五块长长的石板架在小溪上。住在附近的人便会在小溪边洗衣服、洗菜，有些洗衣服的阿姨，在溪边一蹲便是半个多小时，让年少的我好生佩服。木槌敲打湿衣服的声音、女人们漂洗衣物时的谈笑声，在金色的阳光下，伴着溪水奔向远方。

4. 宗祠的世界

小溪再往西几百米，便是一座宗祠。这是村里第二大姓杨氏一族的宗祠。杨氏宗祠年久失修，断壁残垣的废墟间青草丛生，土墙倒塌多处，楼板上到处都是木头腐败后留下的一个个窟窿。院子里，因为排水不畅，积起了齐膝的雨水，甚至长满了水草。大堂里，到处都是朽败的木桩，还停放了几口用草席盖起来的棺材。这座荒凉的宗祠中，杂草在水塘、土堆边逐渐蔓延开，成了我整个小学时代的探险之地。

而村里的另一座宗祠，即李氏宗祠，则被改造成了最初的村小，我在这座自己宗族祠堂改建的小学里，从幼儿园一直读到了二年级。李氏宗祠坐落在村东侧山包的高处，坐北朝南，有两重院落。门前是一个泥土地的广场，广场边上有一排参天大树。宗祠的院子里，有两棵老树，一棵是老桂花树，树皮苍老黝黑，每到秋天便是满树的金黄桂花，飘得整个校园都是桂花的幽香。另外一棵是红杉树，长得像一个婀娜多姿的少女在展示身材。

宗祠的礼堂正中是神龛，供奉着被族人认为是保护神的托塔天王李靖。托塔李天王像是用一整块东南亚上等檀香木雕刻而成的，身穿铠甲，怒目圆睁，有接近一米高，雕工精巧细致，上色精细，族人世代相传，甚至躲过了日军的搜刮和"文化大革命"时期的破坏。改革开放后，雕像被族人重新放回到了神龛的位置，并接受族人的祭祀，以祈求他保佑全族兴旺发达。族里哪家有什么红白喜事，都要到宗祠里焚香祷告。

尽管在一所小学的正中位置摆了一个宗族的神龛，但那个时候大家并没有觉得有任何的不适，因为村里实在没有更好的地方了。这个由祠堂改建的小学里，运动器材就是单双杠加上两张乒乓球桌，其中一张乒乓球桌还是用水泥石板做成的。教室的课桌椅都已使用多年，坐上去，桌子和椅子都摇摇晃晃，似乎立即就要散架。那个年代，很多村庄也都是用"族产""庙产"来开办学堂，小学建在宗祠里和寺庙里是非常普遍的情况。宗祠礼堂的厢房里，甚至还摆放着村里用来下葬棺材的一整套器具。而我们在课间玩耍时，偶尔也能够看到族里的老人到礼堂进行祭祀。与很多孩子在这里度过了自己完整的小学时代不一样，二年级结束，我便赶上了撤点并校的浪潮，不得不每天走到几公里以外的乡镇中心小学上学。但是，村庄依然是我生活的中心。

5. 农活的艰辛

每天6点多，我便早早爬起来，拿着银色铁皮的手电筒，往里塞上三节"长臂猿"大电池，打着手电筒走半个小时路去上学。路途中要穿过一条国道，几片田野。夏天的时候，南方雨季致使马路积水，我经常得把裤管卷得高高的，才不至于到学校时裤管全湿。冬天的清晨最难受，当穿过漫长的田野时，时常冻得直哆嗦。幸而田野的尽头是一家烧制砖瓦的窑厂，我们几个小孩便一起到窑厂里烤一会儿火，暖暖身子。从加柴火的窑口看到熊熊的火焰在翻滚，感觉心里暖暖的。

中午放学后，回家把清晨做好的饭菜简单热热，狼吞虎咽地吃完饭后，就得立即赶路回到学校。下午放学回家后，等待我的是辛苦的家务活。首先得背上竹篮，到田野打猪草。不过那时的我，很喜欢到地里打猪草。随手拔出一根青草的嫩芽，在嘴里嚼嚼，那甜味简直刺激得每个毛孔都在跳舞。可以说，田地里大部分青草的嫩芽，都被我美美地品尝过。春天的时候，到田里拔完猪草，还能摘一些还是青色的麦穗，带回家用碳火烧着吃。夏秋之际，拔完猪草后，则到地里挖几根红薯，直接掰开便生吃起来。或许是那时候大家都太缺乏糖分摄入了，吃到带甜味的东西，都感觉像品尝到人间美味。想来也是如此，一年到头，能品尝到红糖和冰糖的机会少之又少，不是有客人来访时能喝到一口，就是生病虚弱的时候滋补一下。

每天拔完猪草回家，还要熬猪食、喂猪。要把猪草和米糠混合在一起，在大铁锅里加热煮熟，再一桶一桶提到猪圈里喂猪。每次喂猪，家里的黑毛猪都冲到猪圈门口，用大嘴不断地撞门，并嗷嗷嗷地叫着，声音刺耳。我举起桶，才把猪食从圈外倒进石槽里，几只猪便"嘣嘣嘣"吃起来了，看起来仿佛是在用自己的头猛烈撞击石槽。喂完猪，还得拌一些鸡食喂鸡，以及把门外池塘里的大灰鹅赶回圈里，喂上一些麦子。

说起幼时养猪和养鹅的经历，这实在是我心头的阴影。由于隔段时间就需要将猪圈里发酵熟的有机肥清理出来，送到粪塘里堆起来，便不得不先把猪圈里的猪赶到巷子里，迅速清理发酵熟的有机肥，然后再换上新的稻草开始新一轮的发酵。而家里分给我的任务，总是到巷子里看着猪，别让猪跑丢了。谁知这几只猪估计被关久了，好不容易呼吸到新鲜自由的空气，异常兴奋，用嘴把巷道里拱得面目全非，眼看巷道里已经没什么可拱的东西了，它们便想要往巷子外走，且全然不管我举着棍棒呵斥。眼看猪要往外跑，我立马上前阻拦，谁知这几只猪全然不怕我，向我冲来，我不知咋的就骑到了一只猪身上，并且一个侧翻从后面摔了下来。我只得哭着赶紧大喊家人，让他们把跑出巷子的猪追回来。

而被家里的大灰鹅啄到小腿，更是我饲养家禽生活中惨痛的经历。由于我每天晚上的工作就是用一根棍子把家里的几只鹅赶回圈里，某只大灰鹅便对我怀恨在心。鹅这种家禽，有着长长的脖颈，喙上下还有小小的锯齿。一天傍晚，那只大灰鹅直勾勾地看着我，眼神凶狠，正当我发觉不对劲、准备撒腿跑时，大灰鹅猛扑过来伸出脖颈，咬住了我的小腿，而且脖颈扭曲着使劲拧，无论我怎么敲打，大灰鹅就是不撒嘴，我的小腿像是被钳子夹住了一样。看着大灰鹅咬着我越拧越紧，怎么都不放，看似要和我死磕到底了，我不得不抡起田边的锄头，使劲将其打飞。可谁知这只大灰鹅极为难缠，立马又追了上来，我只能拼了命地撒腿跑，跑到一堵高高的土坎上，才摆脱了大灰鹅的追击。等回到家里一看，小腿肚已经完全淤青了。自从被鹅啄伤之后，我有很长一段时间都不敢再赶鹅了，后来家里索性把那只大灰鹅杀了，送上了餐桌，我才敢重新到水塘把鹅赶回圈里。

在我童年时，哪怕照顾家禽屡屡被伤害，但是放学后，喂养家禽依然是排在第一位的事情。只有照看好这群家禽后，才开始准备做晚饭。那时候家里用的还是土灶，由于灶台太高够不着，我不得不搬个小凳子，踩在凳子上学着做饭。用土灶做饭，最头疼的还是烧火，从点火到烧柴都极其考验技巧。烧火时必须先找一些小的木屑引燃，才能点燃其他大块的柴火。"火要空心，人要实心"便是我那时候每次烧火都在默念的一句话。

为了储备做饭的柴火，每到周末，我便拿起砍刀到山上去砍柴。由于力气小，我只能砍一些细小的灌木和松枝，也捡拾一些干枯的树枝，用绳子将其绑好挑回家后，便在后院的菜园里晾晒起来。不过，周末除了上山砍柴之外，下午四五点回到家，还得再次背起竹篮，去山脚的松林和杉木林中，捡拾一些干燥的松针、松球和杉木叶，这些东西虽然不耐烧，但却是点火的极佳材料，能够很快就把柴火引燃。

6. 四季风物

尽管喂猪、养鸡、砍柴、烧火都是非常辛苦的农活，有时还会意外受伤，但是穿插其间的，是一年四季丰富变幻的乡村生活。

春天，陪着妈妈在田间，给油菜和小麦浇水。天热时，我们几个小男孩干脆直接脱了衣服，跳进蓄水的塘里洗澡。临近傍晚，从长长的田埂上采摘下一袋黄花，回到家中，在夜晚的灯下，和上一盆米面，可以炸出香喷喷的黄花粑粑，累了一天的疲惫身体，在闻到黄花粑粑香味的那一刻，只觉得每个酸痛的关节都充盈着喜悦。

初春时节，上山砍柴便是最幸福的事情。上山后的主要任务就是把松树枝头的松花摘下来，等攒够满满一袋子，就拖回家晾晒，松花经太阳暴晒之后，便留下细细的一层淡黄色松花粉。云南人祖祖辈辈擅长利用各种植物的花粉制作出不同的糕点，用松花粉制作出的松花糕，便是花粉糕点中的极品。每年春季，哪怕砍柴已经非常累了，我每天都要用竹篮背回满满一篮松花，因为这是过了季节便再也品尝不到的美食。

夏天，沟河里的水一涨，我便拿起网兜和水桶，到沟河里捉鱼去，一两个小时以后，当天的饭桌上立马就多了一道美味。由于捉鱼技术娴熟，每次我都能收获满满。只是，老人们会偶尔在我耳畔叮嘱几句："差不多就行了，可别捉多了，把沟里的鱼捉得断子绝孙了，是要遭雷电公公惩罚的！"

当然，除了去沟河里抓鱼外，我们一群小伙伴还喜欢养蚕，白蚕、花蚕、金丝蚕，每个人都用纸盒子养起一盒蚕，细心呵护着。每天放学来不及写作业，就先去采摘桑叶把蚕喂饱了。仲夏的星空下，一群孩子聚集在门前的晒场上，一起比赛捉萤火虫、蜠子虫，尖叫着、奔跑者、跳跃着。几次比赛下来，我甚至成了附近几个巷道的孩子王。

秋天，打稻谷的间隙，就是我们小孩子捉蚂蚱的时候。在田间捉住蚂蚱，我们就用草穿过蚂蚱颈部的壳，一下午便能穿满长长的一草串，晚餐又多了一道美食。至今我都还能记起，自己儿时第一次换牙的事，那是我看到妈妈，将一盘蚂蚱油炸至金黄酥脆时，便迫不及待地冲到灶台边，拿起一只放进嘴里，嚼了一口后，满嘴是血，我第一颗牙齿就这样在喷香的蚂蚱肉里，掉了！那份记忆将伴随我的一生。

稻田收割之后的一段时间，田野里、山林间便成为我们孩子玩乐的世界。在稻田里打倒一个个稻草人，把山林间大竹子的外壳垫在屁股底下，从山坡上滑下来，惊险又刺激。

严格来说，我一直认为云南没有冬天。但冬天恰恰是制作各种食物、开展各种活动的最好时机。做腌菜、泡酸萝卜、熏腊肉、打糍粑都在冬季进行，跳皮筋、滚钢圈、转陀螺等也是冬季最为集中的活动。

在乡村这个小小的世界里，我带着一双孩子的眼睛，见证了各种食物从播种、施肥、收割到最终被端上餐桌的全过程，也亲手制作了自己的一个个玩具。吃的菜是自己亲手种的，玩的玩具是自己一步一步做出来的，我观察到了生活中诸多事物的成长轨迹，感觉生活时刻在自己的手上被创造出来。

7. 巫术与冒险

村庄里有着一整套的信仰系统。巷子里的阿婆是我爷爷的妹妹，也是附近公认的一位灵媒老人，更是位受人尊敬的神婆。阿婆作法时，戴着黑色的布帽，一身青布衣服，口中念着经文和咒语，拿着红色的小旗在一堆纸团上挥舞。附近村民哪天招灾得病、走失家禽、家庭关系紧张，都要来找阿婆问问缘由，并请阿婆给相关的神灵上书祷告、诵经消灾。此外，人们对道德与禁忌的解释也都有一套说法。比如，孩童时期我每次摔倒哇哇大哭时，老人先做的不是把我抱起来，也不是看我有没有受伤，而是在一旁先念一段顺口溜式的咒语，意为帮我"叫魂"，让我不至于因为跌倒而惊魂未定，致使三魂七魄走丢。尽管没有什么哄孩子的话语，也没有鼓励打气的话语，但是一通顺口溜说下来，哪怕我一句也没有听懂，早已经自己调整好心态了。

老人们也会教育我们，不能随便拿别人的东西，更不能偷偷摘别人菜园中的瓜果。但是老人解释的思路十分具有巫术色彩。老人会反复告诉我们，别人园中的瓜果，都是被主人施加了巫术和咒语的，如果谁要摘了，就会中咒得病。我们甚至也不能随便杀死家中出现的花蛇，应该将其放生，让它离开住宅，因为住宅中的花蛇都是祖先幻化来提醒我们自省的，如果贸然将花蛇杀死会触怒先祖。然后，老人马上就会给你讲述一个某人杀死巷道里的花蛇，然后遭遇灾祸的故事。总之，乡村的世界，到处充满着巫术、神谕和魔法。甚至连后院的竹子，也蕴含着一个千军万马横空出世的离奇故事；每年夏天到山林里采摘的鸡枞菌，也都有一个山中精灵的守护。甚至在很长一段时间内，我都不敢用手指对着天空的彩虹，只因为很小的时候巷子里的老人告诉我，指彩虹会让手长出六根手指。多么有意思的一个事情啊！很多年以后想起，还会噗嗤一笑，怎么会有那么可爱的孩子，竟然是这么来认识这个世界的！

只不过，这一切对我来说，虽然新奇有趣，可挡在我眼前的高山，始终让我对外面的世界充满好奇。我是一个对未知充满好奇的人，7岁时，我带上小伙伴，穿过田野，步行到城里的外婆家吃完晚饭，又迅速返回，只是希望看看城市的风景；8岁时，我带上堂妹，穿越几个村寨，一路询问路人，去看望许久未曾走动的姑婆；9岁那年，我约上自己砍柴的好友，向着大山深处挺进，去到了和另外一个乡镇交界的一座最高的山峰。我对城市、大山深处的故事，有了更多的期待与向往。

8. 走出乡土

我对人与人之间的交易也充满尝试的欲望。三四年级时，我骑上自行车，到集镇上以5分钱一根的价格买入一箱冰棍，然后拉着箱子走街串巷，到各个村寨里去卖，1毛钱一根卖出去，一天能够卖出30根到40根，一天也可以赚到1块多到2块钱。家里的鸡蛋，我也用篮子装上，拿到乡里的集市上兜售，以自家鸡下的"土鸡蛋"卖出去。寒暑假期间，我还和妈妈一起糊火柴盒，每1万个火柴盒能获得50元的报酬，那时我一个月也就能够糊3000多个。记得一次寒假，我通宵达旦地干，糊了2万个，到火柴厂交工的时候，我获得了自己人生的第一张百元大钞，如今我依旧清晰地记得那是一张第四套的100元人民币，上面是新中国四位伟人的头像。

那个年头，西南边陲还处于闭塞的环境。人们生活艰苦，每个孩子都是家里的一份劳动力。在妈妈的引导下，我打过算盘、用过杆秤，每年秋收之后，还要陪着妈妈用二轮手推车拉着稻谷，到粮管所去交公粮，秋日的阳光如火舌般毒辣，我们在马路边一排队便是一两个小时。

随着年岁渐长，我愈加认识到了读书的重要性。整个少年时代，最美的一个夏天是与书卷一起度过的。隔壁邻居家的一位哥哥，刚刚高考结束，他考取了北京的的一所高校。由于父亲去世、母亲改嫁，家中老屋只剩他一人，那也是他回老家待的最后一个夏天，夏天结束，他便要离家北上求学了。他的父亲曾经是附近一带出了名的文化人，当过很多年的老师。家中的老屋里藏了不少的老书。我陪他撬开锈蚀的铁锁，打扫屋里的尘土，一本一本整理那些发黄的旧书，每拿出一本，我都好奇地翻看几页。夏日的午后，我们就这样靠在床上，打开窗户，让夕阳照进屋内，闲适地看着书，一本又一本，一直到太阳落山。

当我以孩子的眼光来看待昔日的童年时光，再对比当今孩子的生活方式时，我才发觉，那已经是农耕文明的最后一抹余晖了，我们距离那样一种生活方式已经如此遥远，不管如今我们怎么保留复原，那都只不过是供人参观和把玩的文明化石，农村的那一整套生活、伦理和观念，只能留存在我的记忆里了。

我当然清楚，带上童年视角，把乡村生活美化、浪漫化，是自我陶醉的自欺欺人，甚至无益于乡村的现代化。乡村有它的愚昧、苦难之处，但那的的确确是我们一代人经历过的生活，我们从那里孕育并成长起来，不断在那里汲取资源、获得能量。一整套农耕文化的生活方式和价值伦理，仍旧是我们灵魂深处的精神密码。保留一份记忆，就是为我们的文明和人生保存了另一种可能性。

家门前的花椒又熟了，月光洒满巷口的清阶，只是曾经那个拿着银色手电筒的小男孩，已渐行渐远。

书写这一代人的乡土文明

又一个新学期即将开学。为了在图书馆更好地引导孩子们，我通过网络课程，自学了一段时间的儿童绘本精读，信心满满地打算带上孩子们一起阅读绘本，给他们这个只能憋在家里的假期添一抹温馨的底色。

1. 错位的投射

经过数个月的相处，我变成了村里名副其实的"孩子王"，孩子们平时都喜欢围在我周围，对我也愈发亲近了，甚至还发生了一件让我有点无所适从的事情。

"莹莹，你别整天过来缠着李老师，你是不是都快把李老师当成你爸爸了？"一个二年级小女孩将旁边5岁的女孩子莹莹从我身边拉开，然后对着她一脸严肃地说出了这样一句话。

听到这句话的我，仿佛走在田埂上、突然一脚踩空滑跌进了旁边的水田一般惊慌。

好几个四五岁的小女孩，平时都喜欢围着我，"叔叔，叔叔……"一声一声叫着，并请教我各种问题。但是几个稍大一点的小学女生多次告诉我，她们发觉有几个小女孩，都快错把我当成她们爸爸了，我当时便是一脸的惊愕，只能赶紧制止了这几个女孩子的说法，让她们和我保证不能到处瞎说。

这个事情是如此尴尬，又是如此令人悲伤。这些孩子从1岁开始就变成了留守儿童，家里抚育他们的主要是爷爷奶奶，爸爸妈妈一年回家也就那么五六天，陪伴与爱在他们这里是缺失的，或许对于某些孩子来说，我的到来恰恰给予了他们陪伴与关注。所以，面对与他们父母年龄相仿的我，他们更愿意围着我热情地叫"叔叔"，而不是像大一点的孩子那般叫我"老师"。

对于孩子们把对爸爸的思念投射在给予他们陪伴的我身上，我无法指责孩子们，也很难去解释，因为这过于微妙。我能做的，仅仅是在提供陪伴和指导的同时，给这些孩子建立起明确的角色边界感。孩子们还处在探索人与人之间的关系的早期，给孩子留下温存的记忆，并引导他们认知不同的关系，也是在为他们提供一个温馨的童年环境。

因此，我带上孩子们一起阅读绘本，强调我作为他们老师的身份，以此建立一个我作为他们学习上的引导者的形象。

2. 孩子们与绘本的距离感

我开启了绘本精读课，带上孩子们一起阅读《友善动物系列绘本》和一些捐赠人寄来的睡前故事的绘本。

"老师，为啥你说的书里面的狗狗和我们家附近的狗狗不一样呀？而且为什么不能吃呀？我爸爸昨天还吃了一只狗狗呢！"一个孩子立马就站起来问我。

"老师，我们这本书里画的房屋、车子和路灯，为什么和我们这里的不一样呢？"又一个小男孩子过来问我。

那一刻，我突然意识到，这些由国外翻译而来的精品绘本，其实离中国孩子的感受和生活有点远，很难激起他们内心的共鸣和回响。孩子即便是发挥想象力，也得首先从自己的熟悉之物开始，熟悉令人产生心理上的亲近感，亲近才能激发孩子们的兴趣。

当然，我不否认，如果家长持之以恒与孩子共读绘本，可以让孩子想象到另外一个世界，但是对于村里的这些孩子来说，缺乏父母的引导，他们通过自主阅读很难从绘本里感受到亲近感，只会觉得陌生。由于大部分绘本都是从国外翻译而来，书中的生活方式、语言习惯、表达技巧都与孩子们相距甚远，大量的内容在去地域性、去情景化和去对象化的过程中，变成了孩子们理解的负担，甚至在我与孩子们共读的过程中，孩子们还因此对手中捧着的书籍产生了畏难情绪。

我当即决定暂时搁置绘本共读，而是给孩子们发放了白纸，我希望他们画下自己与村里的小动物、小植物交往的过程，也可以画下陪伴爸爸妈妈或者爷爷奶奶做家务活的场景，并用自己的语言来描述画作里的场景。

孩子们开始画了起来，但是画了一会儿，又重新画回了前几次画的卡通人物，孩子们实在不知道该怎么画出自己的生活。

为了激发孩子们的灵感，我翻箱倒柜，从储物间里找出了一套《开明国语读本》。这是一套由民国时期教育家叶圣陶先生和漫画家丰子恺先生联手打造的老课本。读本主要以乡村生活为大背景，围绕孩子们日常生活的所见之物、所遇之事，展开插图的绘制和文字的描述。

令我感到惊讶的是，面对这套黑白丛书，孩子们反倒是比翻彩色的绘本更加积极。田野里的篱笆、屋檐下的老人、挥舞锄头的大叔、河边的杨柳，这一切都让孩子们看得津津有味，孩子们甚至彼此互相交换着看起来，还有三个女孩子和一个男孩子照着画了起来。

看到这个情景，我鼓励他们参照书本里的样子，加入自己的观察和体验，创作属于自己的插画。

炊烟锄影在孩子们稚嫩的画笔下开始显现，还有两个孩子甚至试着画出村里稻鱼鸭共生的田野。那一刻，我突然感觉，他们开始在我的陪伴下探索自我。我在他们灵动的眼睛中看见了丰富的图景。我开始感到，教育不是给每个孩子一样的，而是引导每个孩子寻找他适合的和他想要的，而且不是我们觉得他适合、他想要的，而是他自己渴望的。

3. 我们自己的文化

何以一本创作于 20 世纪 30 年代、且距今快 90 年的国文读本，反而更能吸引孩子们的兴趣，并能激发孩子们的想象呢？

这当然与丰子恺先生深厚的创作功力是分不开的，但我想，更多的还是因为里面的图画与孩子们的生活更贴近，这套读本描述的大部分是乡村的生活而非城市的生活，它更像是围绕孩子们的所见所闻所听来创作的一组田园诗。

那些精美的译介绘本，即便故事离奇、色彩丰富，但毕竟还是离孩子们的生活太远了，激发不了孩子们的兴趣。用直白一些的话来说，就是不接地气。

当孩子们开始仿照丰子恺先生的插画，根据自己的生活经验，创造属于自己的画作时，他们也在某种程度上记录着属于自己的生活与世界。

想来也是，我在青少年时，特别喜欢读乡土小说。然而，大部分的乡土小说，都由中原一带、特别是黄河流域的作家所创作，尽管我为其中的情感和思想所动容，但是很多细节一直都让我有一种陌生感。即便上了大学以后，我到过很多北方的农村做社会调查，依旧只能在脑海里浮现那个场景，而对书里的很多描写无法产生情感共鸣。作为西南边陲山地农民的我，与作为北方平原农耕地区的农民的很多生命体验是不一样的，这些体验其实都是中华民族这个多元一体文化格局中的一种。

上了大学以后，我特别喜欢做的一个事情，便是拿家乡的某些水果、某种美食、某类仪式，问身边的同学是否见过，以及在他们那里，这个东西叫什么名字，有没有类似的东西。在我多年持续的观察之下，我惊讶地发现，在这片中华大地上，我们没有见过、听过、体验过的东西竟是如此之多。

各个地方的乡村蕴藏着如此丰富的多样性：千奇百怪的物种，令人脑洞大开的仪式，还有那些传奇的人生、曲折的故事。而在城市，我们的生活如此的单调，好朋友聚会、男女同学谈恋爱，除了下馆子吃饭、去购物中心看电影、到体育馆体验各种运动，竟然很难再有新的花样，城市的生活方式变得愈加同质化。

一座座城市变得越来越相似，高楼大厦、购物中心、城市广场。中国传统的文化、地域、民族的多样性，在这几十年狂飙突进的城市建设中，被不断涤荡。相反，恰恰是在乡村，我们的传统建筑、传统礼仪、民族特色得到了一定程度的保留。然而，现代化的发展话语，却让城市标准化、快餐化的生活方式，站在了鄙视链的上端，乡村的文化则被认为是落后的、边缘的、需要改造的。在我们的认知和知识体系里，人们用城市乡村的二分法，在脑海里预设了一个从"乡土中国"到"城乡中国"再到"城市中国"的简单进化论图景。大部分人都觉得乡村没有未来，在城市化和工业化的背景之下，农村衰败是历史趋势、是不可逆的潮流，甚至有观点认为，任何逆城市化和逆工业化潮流而进行的建设和投入都是徒劳的。我们不断地在把我们从乡村中学到和感受到的对人际关系的理解、对自然界和外部世界的理解抛之脑后，并扔在匆匆赶路的高速路旁，然后急不可耐地拥抱城市的现代文明。

在我漫长的求学生涯中，当我遇到从学校和书本上阅读到的内容，与我自身的生命体验和切身感受不一样甚至相互冲突时，大部分时候从潜意识里我都会优先尊重书本，尊重那些普遍认知的看法，而非自身的观察与体验，我会不断把自身经验得来的东西掏空，然后装入书本和课堂上统一的认知和看法。因此，整个青少年时期的学习历程，就是不断抛弃自身乡村的知识和习气，不断习得现代城市人的知识、认知和习惯的过程。

不过，这也让我离乡土越来越远。凭什么认为城市里弹钢琴说外语是文化，而乡下农民种田地搞祭祀就是没文化呢？在"去农"文化弥散的影响下，我们把乡村不断"问题化"，把乡村作为了一个亟待解决的问题而不是作为探寻民族复兴的载体。

其实，农耕活动、乡村礼仪、传统工艺，背后其实同样有着一整套的经验知识、艺术审美和伦理法则，只不过在现代发展主义的浪潮下，城市的、现代的被定义为了"高雅的文化"，乡村的、经验的被定义为了"落后和愚昧的文化"。但其实，我们整个民族的文化基因，就蕴含在乡村的文化中。从工业化的积累、社会的稳定到改革的动力，从传统王朝的乡土社会，到近代中国的社会主义革命，再到改革开放后农村改革的开启，乡村始终在其中扮演着一个极为重要的角色。

从更加广义的中国文化，或者从中华文明的视野来看，乡村在中国人的世界中并不只是一个提供食物、贡赋的"车间"，它承载着人们对个人与家庭、家族及国家关系的价值追求的理解，而这些价值的理解与寄托都源自人们在乡村社会中最基础的生产与生活。把乡村放到新坐标中来观照，就会发现乡村在理解中国整体、安放国人价值寄托上有着的独特地位，从这个意义来讲，乡村从来就不只是乡村，乡村本身就是中国。

4. 何为故乡

那我究竟想说什么呢？是为传统的乡土文化招魂吗？还是要将其作为一种文化的标本，永久保存下来？

或许恰恰相反，我向来对那些好古的学问和带着遗老风格的文化传承保持警惕。当下的中国，大部分的人都在高喊着要留住乡愁，要保留故乡的风貌；都在感叹村庄人口外流，人们在不断远离、不断流动。似乎在大家的印象里，我们的祖先们便是在某地安土重迁，生生不息地生存，好像我们的根就在自己出生时的村子里，并且我们将那里视为从肉体到精神的故乡。

但是，如果一个人真正走进乡村，去翻翻中国人的族谱和家谱，他就会惊讶地发现，那一本本家谱，其实就是一代代中国人的家族流浪史。在漫长的中国传统社会，或许有些阶段发展是缓慢的，但从不意味着传统中国的农民就是固定在土地上、生于斯长于斯的原住民。饥荒、战乱、瘟疫、家族斗争，致使人们在持续不断地迁徙着、流动着。

那么，故乡对我们来说，究竟意味着什么呢？

王鼎钧先生说："故乡是祖先流浪的最后一站。"在王鼎钧先生看来，人类根本没有家，自从亚当、夏娃失去乐园，人类都在地球上流动。甚至也可以说，天空是一个大屋顶，人从这间房子到那间房子，从这个院子到那个院子，可谁也没离开这个大家庭。

这意味着我们这一代人的故乡，是祖辈和父辈一代在迁徙和生产生活中创造出来的。一方面，我们没有必要因为那一点对旧时乡土文化的依恋，就过度渲染中国传统乡村文化的凋敝和衰败，动辄便感叹乡村衰败、文化凋敝、伦理崩塌，这在某种程度上不仅仅是对传统乡村进行了过度地浪漫化想象，也在某种程度上加剧了人们对当下乡村的负面印象，使得人们在文化潜意识里，愈加将乡村视为亟待被拯救的社会负担、民族累赘，愈加让乡村变成现代化发展语境下底层、边缘、病症的代名词，这其实是在把乡村"问题化"。

我在每天的生活中，与留守农村的儿童、老人朝夕相处，我被他们所经历的艰辛震撼，也深深地担忧他们将来可能面临潜在风险，但我并不理所当然地就认为，这些留守儿童、乡村老人会成为以后多么难以解决的社会问题。就像几乎每一代人都在感叹"江河日下，人心不古"，从70后到80后，再到90后乃至00后，一代代中国的年轻人，因为经历"文革"动荡、西方思潮冲击、电子游戏泛滥、网络文化冲击等不同的社会发展阶段的冲击，而被上一代人认为是"垮掉的一代"，但当我们回望历史时就能看到，哪一代人真的就垮了？那些曾被认为是"垮掉的一代"，最后大都成为社会的中流砥柱，那些被我们视为洪水猛兽的问题，最终也在一代代人的奋斗中被逐步解决。

中国近几十年来乡村的巨大发展无疑是举世瞩目的，它让我们大部分人摆脱了贫穷、饥饿的生活，这就是文明发展本身带来的进步。短短几十年，中国走过西方国家上百年的发展历程，代价当然是巨大的，但绝不能就因此怀疑这种发展的正确性。那些诉说着乡村沦陷、缺乏传统温暖的人，只不过是用一些学者的判断替代了民众真实的感受。在中国乡村调研，经常能够听到农民说的一句话："问题当然很多啦，但是比起以前，我们生活改善太多了！"这些话语无数次地提醒着我，千万不能用一些学者和知识精英的判断去代替村民内心真实的感受。因为不同位置、不同信息掌握程度的人，他们社会比较和社会评判的参照群体与参照体系是不一样的，做出的判断、得到的感受也可能完全不一样。

那些将乡村和传统浪漫化、叫嚣着逃离都市的人，或者要改造乡村的人，经常面临的一句诘问便是："如果传统乡村在你的眼里那么温情脉脉、如此温良恭俭让，或者有如此之多让你受益的东西，那么让你到乡村居住一辈子，你愿意吗？"

我想，大部分人在情感上不愿意否认，最终的行动选择却都会是否定的。就像那些在城市住腻了、待烦了的人，去丽江、大理住个十天半个月当然是美好的，但是让他们在那里住个几年、十几年，很多人就受不住了。道理是一样的，一些专家、学者、文人，到乡村调研个十天半个月，长的一年半载，大部分人都非常欢喜，但是要让其扎根在乡村搞建设，在乡村长久地生活下去，很多人就不愿意了。大部分人都是一样的，都是选择把思念留给乡村，把脚步留给远方。

有人把去乡村看成清净休闲、寻找田园生活、返璞归真的一种途径；有人从小在乡下长大，回到乡村体现着对儿时生活的眷念；还有人把改造乡村作为实现自己理念和想法的实验，这些当然都没有问题，但是既不能把乡村浪漫化，也不该把乡村悲情化。这两种倾向其实都是对乡村理解的窄化，就好比传统村落的保护绝不仅仅是留住乡村里面的旧房子，或者把旧房子改造成为小资情调的雅居，让城里人到乡下去，见到旧房子，赞叹说乡村建筑很漂亮，从而把乡村老屋变成城市人休闲雅聚的度假地，说白了，这只不过是一种城里人审美疲劳之后的点缀与调节，本质上是一种"都市趣味"的下乡。传统村落里，那些能够给我们身心滋养、意义感支撑的价值和文化、那些构成我们这个社会文化基因的东西才是深层次的东西。

今天中国乡村面临的诸多问题，是一个时代发展的问题，就需要在发展中解决。这也就意味着，我们今天创造什么样的文化，选择什么样的发展，我们下一辈记忆里的故乡和乡愁就长什么样。能否把一个美好的乡村交给下一代，无疑考验着我们这一代的智慧。

今天的城市在变得越来越相似，越来越单一，仿佛是一个模子刻出来的，而某些乡村也在不断模仿城市的过程中，逐渐变成城市的赝品。那么，如果我们希望自己下一代的故乡是一个多样且丰富的世界，那么我们恰恰需要从今天还保存着多样性的乡村中，拯救最后的土壤和种子。既不是带着好古的标本思维去保留乡土的传统文化，更不是用城市标准化的发展思维去将乡村涤荡一空，我们需要的恰恰是在这片土地上，打造中华文明新一轮的繁荣，激活中华文明的创造力。

5. 创造这个时代的"乡愁"

作为乡村振兴担纲者的年轻一代人，最要紧的不是坐在图书馆、实验室、工作室里挖空心思闭门搞创作，而是要走出去看，走出去听，用脚步和目光丈量乡村的土地、河流与乡村里生生不息的人们，将我们研究的理论和乡村发展的实践结合起来，去探寻每一个数据背后真实的个人，以及他们的生活，去凝视被我们忽略的大自然、被我们逐渐远离的乡村，我们最后会发现，我们忽略的其实是自己。

在有的人看来，乡村是中国经济和社会稳定的压舱石；在另一些人眼里，乡村是中国绿色发展和生态文明转型的基础。我们如何定位"乡村的意义"，直接关系着乡村在中国的价值与道路选择。在我看来，乡村是我们的文化母体和精神家园，也是中华文化、东方文明得以在 21 世纪重新激活的一片热土。

"传统是被发明的。"英国社会史学家霍布斯鲍姆的这句提醒，可谓振聋发聩。当社会上热议着"东北文艺复兴""非遗文化走向世界"等话题时，乡村的热土，其实正在等待着一场东方大地的"文艺复兴"，青年一代毫无疑问要担负起历史使命，实现从意识自觉到行动自觉的转变，走出去，接地气、办实事，真正扑下身子，深入乡村振兴一线，把乡村振兴做到实处、要紧处、关键处，传承和创造无愧于时代的中华文化。

苍生默默，路在脚下。在村里一天天的岁月流逝中，我成为古伦村新的"荣誉村民"，我自己本身也造就了村里文化景观的一隅。村民们基于侗族文化的习性，重新从传说故事里寻找思想资源，举办起了纪念农耕文化的乌饭节，开展起了激励青年人对唱民族情歌的大戊梁歌会，甚至有时参与到全球直播的盛典之中，传统的故事、仪式在重新被激活、被活化，赋予这片古老的土地以新的生机和意涵。

窗外，古朴的侗家楼房连成一片，细密的水道布满村寨，清澈的小溪从每家屋旁流过，莹莹溪水辉映农舍，还有数十株苍翠的百年古树，姿态各异地点缀在村里的各个角落。我忽然间觉得，在这个"大流动"的时代，那些能够经年累月扎根乡村、进行乡村建设的人，固然值得敬佩，但这毕竟不符合大部分人的人性和偏好。在这个时代，从军营到学校，从企业到社区，哪一片土地不是在经历高速的人员流动？既然这是个流动的社会，我们需要努力的，恰恰是在乡村探索出好的机制，搭建出合适的平台，让资源、人才、智慧和创造力源源不断地流动，生生不息地造血。

乡村振兴的大幕已经拉开，当下的这一轮建设可能是历史上最强的一轮建设，这一轮建设的外力也许是历史上所有外力都无法比拟的。这种力量进入到乡村以后，会带来哪些改变，哪些应该让其顺应规律消亡，哪些需要保留并且重新激活，这些问题都事关我们如何建设自己的家园，甚至关系到能否给中国社会奠定一个让现代中国人精神和身心安顿的根基与支柱。

中国的乡村有着极为深厚的土壤，乡土文化也一直有着惊人的再生能力，它在不同的时代、不同的外部环境下会发出不同的芽。即便经历某些浪潮的冲击，暂时芽萎了、苗蔫了，但几千年来的根深扎地下，只要水土气候合适，它就可能再度生机勃勃。

春回大地，愿我脚下的这座小小"春芽图书馆"，能有一种从冬天僵土中破土而出的力量。

后　记

　　刘勰在《文心雕龙·知音》里说："夫缀文者情动而辞发。"不知不觉间，这些乡村生活的吉光片羽，已经在我指尖化为了厚厚的文字。

　　我并不想把这些东西用晦涩难懂的学术概念包装起来，再整一些不知所云的大词，然后将其纳入到一套干瘪的知识体系和话语机制里面，发表在没有几个人会看的学术期刊上，任其迅速地淹没在岁月长河之中。尽管我进行建设性实践和理论性思考的时间还较为短暂，写作的契机或许还尚未成熟，但现实召唤表达，于我而言，这是对自己一个阶段乡村振兴实践的记录和思考，各种想法每天在我脑海里火光四溅，让我不吐不快。我希望以这些还带着热气的文字一浇胸中块垒。我仅仅是想把这些所见所闻、所思所想表达出来，勇敢地告诉那些终会相逢的知音。

　　尽管从事乡村建设和调查多年，这也只不过是我某段乡村生活的连续片段而已，里面的很多观察和思考，带有太多我个人强烈的生命体验和一管之见，但是，我们每个人，谁又不是连着自己来理解世界，然后连着世界来理解自己的？

　　我之所以写下这一阶段的生活，是因为这是我持续不断住在乡村里，并在乡村建设实践中不断思考的几个月，我试着写出这个动态的过程，而不是呈现一个静止的乡村。就好比社会学领域内用拍照和拍电影来区分社会调查和社会学调查那般，我想展示的不是乡村的一个截面，而是想演出一段流动的乡村折子戏。我也并不想唱一出乡村的苦情戏，只是试图通过自己迈向实践的乡村书写，努力让希望具有可行性，而不让绝望具有说服力。希望能够从乡村的诸多困境中，寻找生机，挖掘乡村的内生力量，尝试各种建设性的可能，并推动更多建设性的实践。

乡村的发展、乡村的振兴，是一个多世纪以来，我们这个民族的百年追寻，无数仁人志士投身其间，不绝如缕。历史在流淌，我愿作这百年浪花里的一滴水，为乡村踏踏实实做一些干预和改变。哪怕影响一个孩子、两个孩子也是好的，我的愿望一直也都很简单，乡村振兴的标配里，应该有一个供孩子们看书学习的图书馆，因为这是给乡村的孩子创造探索更多可能性的一个机会。

时常有人问我，这种干预的效果究竟如何。毫无疑问，这些投入很难在短期内看到什么效果。不过，我始终认为，太过在意效果，恰恰是现代人思维的一个缺陷，它阻碍了我们采取行动的决心和步伐，投身乡村的教育和建设，应该是一个不问可不可能、但问应不应该的事情。于我来说，我觉得这个事情是好的、应该做的、值得做的，就会去做，成不成反而是次要的。

说破千言万语，不如干成实事一桩。从乡村儿童的教育出发，我的参与和观察仍在继续，感谢那些给我提供了信任和帮助的孩子和村民们。家访过程中，古老火塘边人生故事的讲述；冬日晚霞映照下，柴火垛旁孩子们的嬉戏打闹；三二两米酒闲醉里，陶陶然乐在其中然后从内心深处唱出的歌曲和戏词——这些都凝固在了我晒得愈发黝黑的皮肤里，也是这些温暖的画面和瞬间，推动着我继续往前走。他们为我灵魂磨砺的，不是轻薄快利的刀刃，而是笨拙厚重的刀背，让那些青春的梦，能够成为凝聚在坚固土地上点燃自己、同样也点燃他人的事业。

我将与这片土地细水长流，我们也终将收获宁静、阔大又家常、温暖的生活。